Annelise Heigl-Evers

Konzepte der analytischen Gruppenpsychotherapie

ANNELISE HEIGL-EVERS

Konzepte der analytischen Gruppenpsychotherapie

Verlag für Medizinische Psychologie im Verlag
Vandenhoeck & Ruprecht in Göttingen

Beihefte zur Zeitschrift
„Gruppenpsychotherapie und Gruppendynamik“
Heft 1

ISBN 3-525-45280-2

Satz und Druck: H. Rathmann, Marburg/Lahn

Inhalt

Einleitung

Bei der analytischen Gruppenpsychotherapie handelt es sich um eine *Psycho*therapie, d. h. um eine Heilmethode, die sich, unter Anwendung psychologischer Mittel, auf die Psyche richtet. Psyche soll in diesem Zusammenhang mit *Rapaport* (1959) als Verhalten verstanden werden. Verhalten wird dabei im weitesten Sinn definiert und umfaßt sowohl Gefühl und Denken als auch sichtbares Verhalten, „normales" wie „pathologisches" Verhalten, häufige wie einmalige Verhaltensformen und insbesondere auch „latentes" Verhalten (*Rapaport* 1959).

Das Objekt dieser Therapie ist menschliches Verhalten; ihr Ziel ist es, dem Patienten einen Zugang zu den seinem Verhalten zugrunde liegenden unbewußten Motivationen zu verschaffen, insbesondere zu den unbewußten Abwehrvorgängen, mit deren Hilfe er angst- und schuldgefühlsbesetzte Bedürfnisse, Antriebe und Impulse seinem bewußten Erleben fernhält, ihm ferner zu helfen, das ihm zugänglich gewordene pathogene, d. h. zu neurotischen Symptomen führende konflikthafte Erleben zu akzeptieren und zu integrieren. Das latente, d. h. nicht bewußt registrierte und daher nicht reflektierbare konflikthafte Erleben stellt sich vornehmlich in der sogenannten Übertragung dar. Bei den Phänomenen der Übertragung handelt es sich darum, daß die in den Beziehungen der frühen Kindheit erworbenen Grundverhaltensformen im Umgang mit anderen wiederholt werden. Es ist Ziel dieser Therapie, Übertragungen hervorzurufen, die übertragenen Grundverhaltensformen bewußt und sie einer korrigierenden emotionalen Neuerfahrung (*Alexander* 1956) zugänglich zu machen.

Es handelt sich um eine *analytische* Psychotherapie. Sie bedient sich der Methode und der Techniken der Psychoanalyse. Die grundlegende Methode der Psychoanalyse ist die zwischenmenschliche Beziehung, genauer die der teilnehmenden Beobachtung als einer von deren Varianten (*Sullivan* 1953, *Rapaport* 1959). Ihre Anwendung erfolgt in einer Atmosphäre, die von seiten des Therapeuten durch wertneutrales Wohlwollen und durch Anwendung des Abstinenzprinzips (*Freud* 1915, Bd. X, S. 313) bestimmt wird.

Die kommunikative Beobachtung wird mittels folgender Techniken appliziert: der nicht gelenkten (freien Assoziations-) Technik, der deutend-genetischen Technik, der Abwehranalyse-Technik, der Handhabung von Übertragung und Gegenübertragung.

Es handelt sich ferner um eine *Gruppen*therapie: Sie wird im Bezugsrahmen einer Pluralität angewandt, der Pluralität einer Kleingruppe [4—8-Personen-Gruppe]. Pluralität ist eine Bedingtheit menschlicher Existenz. Die Pluralität einer Kleingruppe zeigt strukturinhärente Eigentümlichkeiten, die sich einer psychotherapeutischen Einwirkung als Instrument anbieten.

Das Objekt der Therapie ist, wie in der Einzelanalyse, menschliches Erleben und Verhalten, jedoch nicht eines Einzelnen, sondern einer Mehrzahl von Individuen. Es stellt sich in den zwischen den Gruppenteilnehmern ablaufenden, weitgehend durch feedbacks („Rückspiegelung" des Einzelverhaltens) bestimmten Interaktionen dar. Unter feedback wird hier die verbale und nonverbale Antwort auf das Verhalten des anderen und deren Rückwirkung auf diesen verstanden.

Das Ziel der Therapie ist ebenso wie in der Einzelanalyse eine korrigierende emotionale Neuerfahrung, wodurch es zur Aufhebung latenter pathogener Konflikte kommt. Doch vollzieht sich diese in der Pluralität unter anderen Bedingungen als in der durch eine „asymmetrische Distanzkonfiguration" (*Hofstätter* 1964) gekennzeichneten psychoanalytischen Dyade. Zwar ist auch die dyadische Beziehung der Einzelanalyse ein Pluralitätsphänomen; sie ist jedoch durch spezielle technische Kunstgriffe ihres Pluralitätscharakters weitgehend entkleidet zugunsten der Umformung in eine mehr singuläre, private Situation. Diese Kunstgriffe dienen der Ausrichtung der Aufmerksamkeit des zu analysierenden Patienten auf sich selbst und der des Analytikers auf den Analysanden. Es handelt sich dabei um die *klassische räumliche Anordnung* der Psychoanalyse, wodurch der Analytiker aus dem Blickfeld des Analysanden gerückt wird, um die *Abstinenzregel,* wonach der Analytiker so gut wie nichts von seinem persönlichen Erleben mitteilt, und um die *analytische Grundregel,* wonach der Analysand dazu angehalten wird, jeden Gedanken, jede Empfindung, jede affektive Regung zu verwörtern. *Hofstätter* (1964) bezeichnet das Resultat dieser Techniken als „asymmetrische Distanz-Konfiguration".

Pluralität ist das spezifisch Neue, die charakteristische Reizkonfiguration der Gruppe in Abhebung von der einzelanalytischen Dyade. Dieses spezifisch Neue wurde von den verschiedenen Initiatoren der analytischen Gruppenpsychotherapie in unterschiedlichem Maße berücksichtigt.

Die analytische Gruppenpsychotherapie hat sich wie auch die sonstigen methodisch-technischen Variationen der in Gruppen angewandten Psychotherapie anders als die Psychoanalyse in vorwiegend pragmatisch-experimentierender Weise aus verschiedenen Ansätzen heraus entwickelt. Die Psychoanalyse hatte sich von Anfang an ein systematisches theoretisches Fundament geschaffen, eine psychologische Theorie über menschliches Erleben und Verhalten, die sich auf das normale wie das pathologische Verhalten bezieht. Die Psychoanalyse als eine Heilmethode zur Therapie seelisch bedingter Erkrankungen hat ihre therapeutischen Techniken aus dieser Theorie abgeleitet und hat ihre Theorie wiederum aus den von ihr in der Therapie gemachten klinischen Beobachtungen überprüft. Aus dieser Wechselbeziehung zwischen Spekulation und therapeutischer Praxis ist eine konsistente, empirisch fundierte Theorie einerseits und eine theoretisch gut begründete therapeutische Methode andererseits entstanden.

Die analytische Gruppenpsychotherapie dagegen hat eine solche konsistente Theoriebildung bislang vermissen lassen. Verschiedene pragmatisch-experimentierende Ansätze orientierten sich, eher strikt oder eher locker, an theoretischen Konzepten und Modellen, die einerseits der Psychoanalyse, andererseits der Sozialpsychologie entlehnt und der spezifischen Konstellation der therapeutischen Gruppe mehr oder weniger gerecht wurden. Aus diesem Grunde erscheint es nützlich, wenigstens im ersten Ansatz eine kritisch vergleichende, theoretisch-methodologische Untersuchung der vorliegenden gruppentherapeutischen Konzepte durchzuführen, um so Ansätze für weitere theoretische Bemühung und klinische Forschung zu gewinnen.

A. Die Methoden der Gruppenpsychotherapie

Der Darstellung der Entwicklung und der wesentlichen Konzepte der analytischen Gruppenpsychotherapie sei ein Hinweis auf die Methoden der Gruppenpsychotherapie im weiteren Sinne vorausgeschickt. Die Methoden der Gruppentherapie, wie sie heute bei psychisch Kranken angewandt wird, sind

die sozialkommunikative Methode,
die Aktivitäts-Gruppen-Methode,
die Rollenspiel-Methode,
die psychoanalytische Gruppen-Methode.

Bei der *sozialkommunikativen Methode* handelt es sich um ein therapeutisches Vorgehen auf der Ebene sozialer Kommunikation und Interaktion mit Ausrichtung auf manifestes Verhalten. Es geht darum, im Rahmen sozialer Gruppierungen die Fähigkeit der Patienten zum adaequaten Aufnehmen und Beantworten von Kommunikationssignalen zu entwickeln und den Informationsaustausch in drei sich teilweise überschneidenden Bereichen zu fördern, dem sozialkognitiven, dem motivationalen und dem expressiven Bereich. Das Ziel ist die Verbesserung von Sozialwahrnehmung, die Fundierung von Kooperation und die Neubegründung von Autorität (*Däumling* 1968, *M. Jones* 1962 u. 1967, *Skala* 1967, *R. Schindler* et al. 1969, *Bierer* 1955, *Gastager* 1962).

Die *Aktivitäts-Gruppen-Methode* umfaßt Übungs- und Gestaltungstechniken. Die Übungstechniken sind auf den Menschen als Rollenträger in seinem Alltagsleben ausgerichtet (*Petersen* 1968, *Petersen* u. *Bachmann* 1969, *Ewald* u. *Punell* 1968). Die gestalterischen Techniken betonen dagegen eher die Individualität des einzelnen; ihre Anwendung soll über die Entwicklung selbstgestalterischer und selbstentfaltender Kräfte die Möglichkeiten der Kommunikation verbessern (*Schultze-Görlitz* 1969, *Koffer-Ullrich* 1969, *Kohler* 1968, *Haddenbrock* u. *Mederer* 1960).

Bei der *Rollenspiel-Methode* handelt es sich um Darstellung und Verlebendigung von persönlichkeitsspezifischen Konflikten der Patienten durch Übernahme bestimmter vorgegebener Rollen, die innerhalb eines Gruppenbezugs ganzheitlich darzustellen sind (*Horetzki* 1965, *Junova* u. *Knobloch* 1966, *Israel* 1968, *Maaß* 1966, *Elsaesser*

1959, *Pfeiffer* 1965, *Clauser* 1959, *Moreno* 1959, *Ploeger* 1968 u. 1969).

Bei der *analytischen Gruppen-Methode* geht es, bei Anwendung psychoanalytischer Techniken, um die Erfassung der latenten pathogenen Konflikte der Patienten und um die Integrierung abgewehrten Erlebens durch korrigierende emotionale Neuerfahrung (*Stock-Whitaker* u. *Lieberman* 1964, *Heigl-Evers* 1970[3]).

Die *sozialkommunikative Methode* bezieht sich auf das manifeste sozialkommunikative Verhalten der Patienten. Die Übungs- und Gestaltungstechniken der *Aktivitäts-Gruppen-Methode* wollen auf der Ebene manifesten Verhaltens liegende spezielle Fähigkeiten trainieren. Die *Rollenspiel-Methode* dagegen erfaßt mittels expressiver Selbstdarstellung bereits auch latente Bereiche der Persönlichkeit. Die *psychoanalytische Gruppen-Methode* schließlich ist ausdrücklich auf das „latente Verhalten" der Patienten ausgerichtet, anders gewendet, auf die unbewußten Motivationen, die nach dem Konzept der Psychoanalyse den Verhaltensstil der Patienten bestimmen und deren Verdrängung die neurotische Symptomatik bedingt.

Von diesen Methoden ist die auf die Erfassung latenter Prozesse ausgerichtete psychoanalytische Methode speziell geeignet zur Behandlung von Psychoneurosen, psychosomatischen Erkrankungen und Charakterneurosen beziehungsweise neurotischen Verhaltensstörungen.

B. Historische Entwicklung der Gruppenpsychotherapie

I. Frühe Ansätze zur Behandlung in Gruppen

Pratt (1906, 1907, 1908, 1911, 1917, 1922) behandelte als erster Patienten in Gruppen, und zwar somatisch Kranke, Patienten einer Tuberkulose-Station.

Er förderte die Entwicklung einer Rangordnung innerhalb einer 80—100 Personen umfassenden Patientengruppe; diese Rangordnung bestimmte sich nach dem Grad des Eifers, mit dem sich die Patienten an Diskussionen über die Tuberkulose-Behandlung, über Hygiene und grundsätzliche Einstellungen zur Krankheit beteiligten und den ärztlichen Anordnungen nachkamen. Diese Diskussionen schlossen sich kurzen Vorträgen an, die der Arzt zum Thema der Tuberkulose-Behandlung hielt, oder sie folgten Lesungen weltlicher und geistlicher Schriftsteller sowie der Bibel und bildeten damit den Inhalt der Gruppensitzungen.

Pratt stimulierte eine positive Beziehung zum ärztlichen Leiter als einer Art idealisierter Vater-Figur; er begünstigte ein Wetteifern um die Bestätigung durch diesen Vater und den Zusammenschluß zu einer leiterzentrierten Gemeinschaft. Er weckte also Gefühlserlebnisse in der Gruppe und nutzte sie planmäßig für die Erreichung seines therapeutischen Zieles, der körperlichen Wiederherstellung der Kranken; er versuchte jedoch nicht, diese Gefühlserlebnisse zu verstehen und zu deuten. *Grinberg* et al. (1960) bezeichnen seine Methode als eine ermutigende väterliche Therapie, die *durch* die Gruppe wirksam wird.

In der Nachfolge *Pratts* verwandten auch andere, so *Lazall* (1921, 1930) und *Low* (1941, 1950) das von ihm eingeführte Verfahren, und zwar zunächst nur bei Patienten, die an organischen Störungen litten, nicht dagegen bei Patienten mit Psychoneurosen. Neurosekranke Patienten, denen aufgrund latenter zwischenmenschlicher Konflikte die soziale Anpassung nicht ausreichend gelungen war, erschienen damals ungeeignet für eine Heilmethode, die mit Hilfe von Gefühlen der Zusammengehörigkeit und der konstruktiven Rivalität sekundäre Heilwirkungen erzielen wollte.

Marsh (1931, 1933, 1935) in den USA bemühte sich speziell um die Gruppentherapie von Psychose-Kranken. Er wählte einen anderen Ansatz für die therapeutische Nutzung der Gruppe als *Pratt*. *Pratt* hatte versucht, die Gruppe um sich als einen idealisierten Vater zu zentrieren und die Rivalität um die Bestätigung durch diesen Vater als therapeutisches Movens zu benutzen. *Marsh* dagegen bemühte sich darum, die Entwicklung einer Bruderschaftsstruktur in der Gruppe zu fördern, die ärztliche Autorität nach Möglichkeit abzubauen, den Leiter also eher unwichtig werden zu lassen und Regungen wie Neid und Eifersucht sowie jeden Wettstreit unter den Mitgliedern zu verleugnen.

Auch *Marsh* bediente sich der Vortragstechnik; er variierte sie in der Weise, daß er Lautsprecher benutzte, um die gesamte Patientenschaft der Klinik zu erfassen. Es ist nach seiner Meinung belanglos, was gesagt wird; es komme nur darauf an, den „rechten Geist" zu wekken. Sein Leitsatz lautete: „Der psychisch Kranke darf nicht als ein Patient, sondern muß als ein Lernender betrachtet werden, der vor den Anforderungen der Welt versagt hat" (*Marsh* 1931).

Der aus dem psychiatrischen Krankenhaus entlassene Patient wurde angeregt, sich einer Vereinigung ehemaliger Patienten anzuschließen, die sich aktiv für die Gestaltung des geselligen Lebens im Krankenhaus einsetzte. Die ehemaligen Patienten nahmen aktiv Kontakt mit den noch stationär behandelten auf und bemühten sich, durch Berichte über die Besserung ihres eigenen Zustandes, deren „Moral" zu heben.

Das von *Marsh* verwandte Prinzip der Bruderschaftsstruktur spielt zum Beispiel auch in der Bewegung der „Anonymen Alkoholiker" eine zentrale Rolle (*Mentzel* 1965, 1968).

Snowden (1940) modifizierte die Vortragstechnik, indem er in Vorträgen Kasuistiken verschiedener psychischer Erkrankungen anbot, sie anschließend mit der Patientengruppe in Beziehung zu den Erkrankungen der Patienten diskutierte und überdies in therapeutischen Zweiergesprächen den Bezug aufzeigte, den der Inhalt seines Vortrags zu den persönlichen Problemen des jeweiligen Patienten hatte. *Klapman* (1946) verwandte eine modifizierte Methode, die weniger auf Vorträgen als auf Gruppeninterviews beruhte.

Die bisher genannten gruppentherapeutischen Methoden sind durch eine Gemeinsamkeit ihres Wirkungsmodus gekennzeichnet. Es geht um die Wirksamkeit von Gefühlserlebnissen, die in der Gruppe geweckt werden. Die beiden wesentlichen durch *Pratt* und *Marsh* initiierten methodischen Varianten stimmen in dem Ziel überein, in der Gruppe ein „gutes" Gemeinschaftsgefühl zu bewirken; sie unterscheiden sich jedoch hinsichtlich ihrer Auffassung von der Rolle des Gruppenleiters. Einmal wird die Identifikation der Patienten mit einem idealisierten Führer vom Gottvater-Tpy angestrebt; im anderen Fall sucht man dagegen Gemeinschaften vom Typ der Bruderschaft zu bilden und die Führerschaft, soweit wie nur irgend möglich, abzuschaffen. Bei beiden Methoden fehlt die Bemühung, die Gefühle der Patienten zu verstehen, sie zu deuten, das heißt ihren latenten Sinn zu erklären, und die ihnen zugrunde liegenden Strukturen zu wandeln.

II. Einführung psychoanalytischer Prinzipien in die Gruppenpsychotherapie

Im folgenden werden die Anfänge der Entwicklung einer psychoanalytisch orientierten Gruppentherapie erörtert, also einer Methode, bei der man Gefühlserlebnisse der Patienten in der Gruppe nicht unmittelbar manipuliert, sondern sie, entsprechend den Prinzipien der Psychoanalyse, zu verstehen und zu deuten versucht.

Die ersten Mitteilungen über Versuche, psychoanalytische Konzepte in der Gruppentherapie anzuwenden, stammen von *Burrow* (1926). Er behandelte Patienten in Gruppen aufgrund folgender Überlegung: Da Menschen in einer Gemeinschaft leben und ein Teil von ihr sind, könne die soziale Isolierung des Individuums in der Behandlung seine aktuelle Bezogenheit zu seiner Gruppe oder zur Sozietät überhaupt stören; der Mensch sei nicht ein individueller, sondern ein sozialer Organismus und solle als solcher behandelt werden.

Den größten Wert der Gruppe sah *Burrow* in ihrer Eignung dazu, den Widerstand des Patienten in bezug auf den Behandlungsprozeß herabzusetzen. In dem Maße, in dem ein Patient in der Gruppe erlebte, daß sein Problem nicht einmalig war, schwand sein Bedürfnis, sich in dieser Hinsicht gedeckt zu verhalten und in Isolierung zu bleiben. *Burrow* beobachtete, daß alle Inhalte der individuellen Analyse, wie sexuelle Phantasien, familiäre Konflikte u. ä. auch in relativ großen Gruppen zur Verbalisierung gelangten. Er beobachtete Manifestationen von Übertragungsbeziehungen und von Abwehrmechanismen ebenso wie andere traditionelle Inhalte der individuellen oder dyadischen Psychoanalyse. *Burrow* hielt es für notwendig, in der Gruppe größeren Nachdruck auf das Erleben im Hier und Jetzt zu legen, mit entsprechender Vernachlässigung von Erinnerungen an früheres Erleben. „Nach meiner Interpretation ist die Gruppenmethode der Analyse nur die Anwendung der individuellen Analyse, so wie sie zuerst von *Freud* angewandt wurde, in der phylogenetischen Sphäre unter Außerachtlassung der ontogenetischen Sphäre" (eigene Übersetzung).

In den frühen dreißiger Jahren begann *Wender* (1936), psychoanalytisch orientierte Gruppentherapie im klinischen Rahmen anzuwenden. Er entsprach damit dem zunehmend geäußerten Bedürfnis nach einer geeigneten Behandlungsmethode für gewisse leichtere Formen psychischer Erkrankungen. Er benutzte die Gruppenmethode kombiniert mit Einzelinterviews und beobachtete, daß Patienten freier sprachen und mehr konflikthaftes Material in die Individualsitzungen brachten, wenn sie auch in einer Gruppe behandelt wurden.

Wender benutzte in der Gruppenbehandlung im wesentlichen psychoanalytische Konzepte, leitete jedoch die Sitzungen mit Vorträgen ein über Themen wie: Warum verhalten sich Menschen so, wie die Patienten es tun? Über Triebe. Über das Bewußte und Unbewußte. Über die Signifikanz von Träumen u. ä. Er beobachtete in seinen Gruppen die Entwicklung von Übertragungsbeziehungen sowohl zwischen Patienten und Therapeut wie auch unter den Patienten. Bei fortschreitender Dauer der Gruppe nahm nach seinen Beobachtungen die Spontaneität der Patienten zu; sie wurden zunehmend fähig, die eigenen Probleme in Beziehung zu dem angebotenen theoretischen Material zu erörtern. Nach *Wender* waren bei der Gruppenbehandlung stärkere Heilungstendenzen zu beobachten als bei der Individualpsychotherapie.

Auch *Schilder* (1928, 1936, 1938, 1939) begann in den frühen dreißiger Jahren mit der therapeutischen Anwendung der Gruppenmethode. Er zentrierte seine therapeutischen Bemühungen auf die Ideologien der Patienten, die er definiert als „Vorstellungen und Maximen, die der Mensch sich bildet, um sich Richtlinien für sein Handeln zu schaffen. Jedes Volk, jeder Stand, jede Familie hat eine besondere

Ideologie. Maßgebend ist in jedem Land die Ideologie der herrschenden Klasse, die sich bemüht, die Kinder rasch der eigenen Vorstellungswelt anzupassen.“ Ideologien sind teilweise bewußt und soweit leicht formulierbar, teilweise aber als Derivate verdrängter frühkindlicher Erfahrungen unbewußt. Viele Menschen sind, ohne sich dessen bewußt zu sein, von einander widerstrebenden oder von realitätsinadaequaten Ideologien bestimmt. Da die Ideologien des Patienten ein Faktum seines Lebens in der Gemeinschaft sind, erschien es *Schilder* folgerichtig, sie in Konfrontation mit einer Gruppe diskutieren zu lassen. Diese Diskussion war so angelegt, daß sie von einer intellektuellen Ebene aus zu den privaten Lebenserfahrungen der Patienten führte.

Schilder ging es vornehmlich darum, seinen Patienten zur Einsicht zu verhelfen. Er definiert Einsicht als die Fähigkeit, die Struktur der realen Welt zu erkennen und das eigene Handeln darauf abzustimmen. Er versuchte, Einsicht auf verschiedene Weise zu vermitteln: Neben der Erörterung der Ideologien der Patienten verwandte er in der Gruppenbehandlung die Analyse von Träumen und die Deutung frei assoziierten Materials. Durch die Therapie in einer Gruppe wurde die Problematik des einzelnen aus dem rein individuellen Bereich herausgelöst, und Gefühle des Isoliertseins wurden so vermindert.

Bei diesen frühen Versuchen der Anwendung psychoanalytischer Prinzipien in der Gruppentherapie handelt es sich um Kombinationen mit didaktischen Verfahren, um Mischtechniken. Die Gruppen waren relativ groß; sie umfaßten zwischen 30 und 200 Patienten. Der Therapeut strukturierte die Gruppe durch vorgegebene Themen und durch direkte Anregung, sich bestimmter Techniken, zum Beispiel der Traumbearbeitung, zu bedienen. Er strukturierte sie stärker, als es den Prinzipien der Psychoanalyse entspricht. Nach diesen Prinzipien, wie sie speziell in der Abstinenzregel und in der analytischen Grundregel formuliert wurden, soll dem Patienten durch weitgehenden Verzicht auf Strukturierung von seiten des Therapeuten ein maximaler Freiheitsraum zur Entfaltung seines spontanen Erlebens und zur Signalisierung seines latenten Erlebens geöffnet werden. Durch die zuvor geschilderten Techniken wird dieser Freiheitsraum eingeschränkt zugunsten einer didaktisch-belehrenden Beeinflussung, wodurch jedoch latentes Erleben nicht erfaßt wird.

C. Die Konzepte der analytischen Gruppenpsychotherapie

Bei den beschriebenen ersten klinischen Experimenten zur Anwendung psychoanalytischer Prinzipien in der Behandlung von Patienten-Gruppen ging es mehr um ein pragmatisches Erproben, noch ohne die Bemühung, die psychoanalytische Gruppenpsychotherapie zu konzeptualisieren.

Im folgenden werden die seit der Mitte der vierziger Jahre von verschiedenen Autoren vornehmlich aus dem angelsächsischen Bereich vorgelegten Konzepte einer psychoanalytischen Gruppenpsychotherapie skizziert. Diesen Skizzierungen wird eine kurze Darstellung der von dem Begründer der Psychoanalyse entwickelten gruppenpsychologischen Gedankengänge vorausgehen.

I. Freuds Auseinandersetzung mit den Beziehungen zwischen Individual- und Sozialpsychologie

Der Schöpfer der Psychoanalyse hat sich meines Wissens weder theoretisch noch praktisch mit der Möglichkeit der Anwendung von Methode und Techniken der Psychoanalyse in einer *Gruppe* auseinandergesetzt. Er hat sich dagegen in seiner 1921 erschienenen theoretischen Abhandlung: „Massenpsychologie und Ich-Analyse" mit den Beziehungen der Psychoanalyse als einer Individualpsychologie zur Sozial- oder Massenpsychologie befaßt.

Freud hält die Abgrenzung von Individual- und Sozialpsychologie für schwierig. Der Unterschied zwischen narzißtischen und sozialen seelischen Akten, zwischen der Befriedigung von Triebregungen einmal *in* den Beziehungen zu anderen Personen und ein andermal *außerhalb* des Einflusses anderer, eignet sich seines Erachtens nicht dazu, eine solche Abgrenzung zu begründen. Die Massenpsychologie handele von der gleichzeitigen Beeinflussung des einzelnen durch eine große Anzahl von Personen, mit denen er durch irgendetwas verbunden ist, vom einzelnen also als Mitglied eines Stammes, eines Volkes, einer Kaste, eines Standes, einer Institution, o. a. Die unter diesen

Bedingungen zutage tretenden Phänomene würden als Äußerung von herd instinct, group mind, sozialem Trieb betrachtet (*Trotter* 1916). *Freud* stellt in Frage, ob dieser soziale Trieb ein ursprünglicher und unzerlegbarer sei oder ob die Anfänge seiner Bildung nicht in einem engeren Kreis, wie etwa in dem der Familie, gefunden werden könnten. Dann würde es schwierig sein, die entsprechenden Phänomene der Sozialpsychologie zuzuordnen.

Freud setzt sich sodann mit drei Autoren auseinander, die sich damals mit massenpsychologischen Phänomenen beschäftigt hatten: mit *Le Bon* (1895), der vorwiegend die charakteristischen flüchtigen Massenbildungen beschrieb, mit *McDougall* (1920), der die stabilen Vergesellschaftungen untersuchte, und mit *Trotter* (1916), der die allgemeinsten Verbände, in denen der Mensch lebt, in den Mittelpunkt seines Interesses gerückt und deren psychologische Begründung unternommen hatte.

Nach *Le Bon* sind die Hauptmerkmale des in der Masse befindlichen Individuums die folgenden:

Schwund der bewußten Persönlichkeit —
Vorherrschaft der unbewußten Persönlichkeit —
Orientierung der Gedanken und Gefühle in derselben Richtung durch Suggestion und Ansteckung —
Tendenz zur unverzüglichen Verwirklichung der suggerierten Ideen.

McDougall unterschied die Masse ohne Organisation (crowd) von der Masse im psychologischen Sinne. Damit letztere sich bilden kann, müssen nach *McDougall* folgende Bedingungen erfüllt sein:

Die einzelnen müssen etwas miteinander gemein haben, ein gemeinsames Interesse an einem Objekt, eine gleichartige Gefühlsrichtung in einer gewissen Situation. —
Es muß ein gewisses Maß an Fähigkeit, sich untereinander zu beeinflussen, vorhanden sein. (Für *Freud* ist die zweitgenannte Bedingung eine Folge der erstgenannten.)

Auch *McDougall* sieht in der Steigerung der Affektivität das merkwürdigste und wichtigste Phänomen der Massenbildung in Entsprechung zu *Le Bon,* der von „Gefühlsansteckung“ sprach. Das Urteil *McDougalls* über die psychische Leistung einer einfachen „unorganisierten“ Masse ist nicht freundlicher als das *Le Bons,* der darin regressive Phänomene, vergleichbar dem Seelenleben der Primitiven und der Kinder, sieht.

Nach *McDougall* müssen fünf Grundbedingungen erfüllt sein, damit sich das seelische Leben der Masse auf ein höheres Niveau hebt:

1. Es muß ein gewisses Maß an Kontinuität (materiell oder formal) im Bestand der Masse gegeben sein.
2. Im einzelnen muß sich eine bestimmte Vorstellung von der Natur, der Funktion, den Leistungen und Ansprüchen der Masse gebildet haben, so daß sich daraus für ihn ein Gefühlsverhältnis zum Ganzen der Masse ergeben kann.
3. Die Masse oder Gruppe muß in Beziehung zu anderen, ihr ähnlichen, aber doch in vielen Punkten von ihr abweichenden Gruppenbildungen gebracht werden, etwa in der Weise, daß sie mit diesen rivalisiert.
4. Die Masse muß Traditionen, Gebräuche und Einrichtungen besitzen, besonders solche, die sich auf das Verhältnis ihrer Mitglieder zueinander beziehen.
5. Es muß in der Masse eine Gliederung geben, die sich in der Spezialisierung und Differenzierung der dem einzelnen zufallenden Leistung ausdrückt.

Freud sieht in der unorganisierten Masse mit *Le Bon* Phänomene, die dem Seelenleben der Primitiven und der Kinder und, so ergänzt er, dem unbewußten Seelenleben der Neurotiker entsprechen. Der psychische Oberbau, der sich bei den einzelnen so verschiedenartig entwickelt hat, wird abgetragen, entkräftet, und das bei allen gleichartige unbewußte Fundament wird bloßgelegt und wirksam gemacht. Das Individuum findet in der Masse Bedingungen, so versteht *Freud Le Bon,* die ihm gestatten, die Verdrängungen seiner unbewußten Triebregungen abzuwerfen.

Nach *Freud* gewinnt das Individuum in der Masse durch die von *McDougall* beschriebene Organisation das zurück, was es besaß, bevor es in die zunächst nicht organisierte Masse eintrat, und was es durch diesen Eintritt verlor:

Kontinuität —
Selbstbewußtsein —
Tradition und Gewohnheit —
besondere Arbeitsleistung und Einordnung —
Sonderung von anderen, mit denen es rivalisiert.

Trotter (1916) leitete die an der Masse beobachteten seelischen Phänomene von einem Herdeninstinkt (gregariousness) ab, der den Menschen wie anderen Tierarten angeboren innewohne. *Freud* dagegen sieht in den von *Trotter* mit Herdentrieb bezeichneten Phänomenen eine Sekundärbildung, eine Reaktion auf anfängliche Gefühle wie Neid, Eifersucht und ähnliche Feindseligkeit, eine zum Beispiel beim Kind in der Geschwister- oder sonstigen Kindergemeinschaft erzwungene Identifizierung mit den anderen Kindern, woraus sich ein Massen- oder Gemeinschaftsgefühl entwickelt; dieses sei in charakteristischer Weise mit der Forderung nach Gerechtigkeit, nach gleicher Behandlung für alle verbunden. „Das soziale Gefühl ruht also auf der Umwendung eines erst feindseligen Gefühls in eine positiv betonte Bindung von der Natur einer Identifizierung" (Bd. XIII, S. 134).

Freud bedient sich vor allem des Begriffs der Identifizierung als einer bestimmten Art der Gefühlsbindung, um massenpsychologische Phänomene zu erklären. Er unterscheidet verschiedene Formen der Identifizierung:

Die Identifizierung als die ursprünglichste Form der Gefühlsbeziehung zu einem Objekt —

die Identifizierung, die auf regressivem Wege zum Ersatz für eine libidinöse Objektbindung wird, gleichsam durch Introjektion des Objektes ins Ich —

die Identifizierung, die bei jeder neu wahrgenommenen Gemeinsamkeit mit einer Person, die nicht Objekt der Sexualtriebe ist, entstehen kann; je bedeutsamer diese Gemeinsamkeit ist, desto erfolgreicher muß diese partielle Identifizierung werden können und so dem Anfang einer neuen Bindung entsprechen.

Freud verdeutlicht am Beispiel zweier künstlicher Massen, der Kirche und dem Heer, daß die gegenseitige Bindung der Massenindividuen durch Identifizierung aufgrund einer wichtigen affektiven Gemeinsamkeit entsteht. Diese Gemeinsamkeit liegt in der Bindung an den Führer. *Freud* erklärt die für die Masse charakteristische Art der gemeinsamen Bindung der einzelnen an den Führer dadurch, daß die einzelnen diesen Führer an die Stelle ihres Ich-Ideals gesetzt, daß sie das Objekt ins Ich-Ideal introjiziert haben. *Freud* gibt für die libidinöse Konstitution einer Masse, die einen Führer hat und nicht durch allzuviel „Organisation" sekundär die Eigenschaften eines Individuums erwerben konnte, folgendes an: „Eine solche primäre Masse ist eine Anzahl von Individuen, die ein und dasselbe Objekt an die Stelle ihres Ich-Ideals gesetzt und sich infolgedessen in ihrem Ich miteinander identifiziert haben" (Bd. XIII, S. 128).

Freud (1912) sieht die Masse auf einen überstarken einzelnen ausgerichtet und erkennt in ihr die von ihm beschriebene Urform der menschlichen Gesellschaft, die von einem starken Männchen unbeschränkt beherrschte Horde wieder (Bd. IX, S. 153 ff., 171 ff.). Nach seiner Hypothese hat es von Anfang an zweierlei Psychologien, die der Massenindividuen und die des Vaters, Oberhauptes, Führers, gegeben. Die Psychologie des Führers der Urhorde unterschied sich von derjenigen der Masse dadurch, daß sein Ich wenig libidinös gebunden war und nichts Überflüssiges an die Objekte abgab, und daß er die Möglichkeit der Befriedigung direkter sexueller Strebungen hatte. Seine Söhne zwang er hingegen zur Abstinenz und infolgedessen zu jener Art von Gefühlsbindungen an ihn und aneinander, die aus den Strebungen mit gehemmtem Sexualziel hervorgehen konnten. Der Führer der Masse ist nach *Freud* noch immer der gefürchtete Urvater, von dessen unbeschränkter Gewalt die im höchsten Grade autoritätssüchtige Masse beherrscht werden will.

Für *Freud* ist also der Führer, als das ins Ich-Ideal introjizierte Objekt, ein wesentlicher Faktor der Massenbildung. Im Ausblick auf künftige Untersuchungen interessiert ihn vor allem der Unterschied zwischen Massen, die einen Führer haben, und führerlosen Massen. Er stellt die Frage, ob in den Massen ohne Führer dieser nicht durch eine Idee, ein Abstraktum ersetzt sein könnte, ob nicht eine gemeinsame Tendenz, ein Wunsch, an der eine Vielheit Anteil nehmen kann, den nämlichen Ersatz leistet. „Dieses Abstrakte könnte sich wiederum mehr oder weniger vollkommen in der Person eines gleichsam sekundären Führers verkörpern, und aus der Beziehung zwischen Idee und Führer ergäben sich interessante Mannigfaltigkeiten. Der Führer oder die führende Idee könnten auch sozusagen negativ werden; der Haß gegen eine bestimmte Person oder Institution könnte ebenso einigend wirken und ähnliche Gefühlsbindungen hervorrufen, wie die positive Anhänglichkeit" (Bd. XIII, S. 109—110).

Die auf ein gemeinsames Ziel ausgerichtete und gegen einen gemeinsamen Gegner oder ein gemeinsames Gegenüber abgegrenzte Aktivität einer Gruppe mit den dazugehörigen Interaktionen und den dazu motivierenden Gefühlen sind nach später entwickelten Konzepten integrierende Bestandteile der Gruppe (*Homans* 1950).

Exkurs in die Soziologie der kleinen Gruppe (Homans)

Hier sei ein kurzer Exkurs in die Soziologie der Gruppe, wie sie zum Beispiel von *Homans* (1950) konzeptualisiert wurde, eingefügt.

Unter einer Gruppe wird nach soziologischer Definition eine Reihe von Personen verstanden, die in einer bestimmten Zeitspanne häufig miteinander Umgang haben und deren Anzahl so gering ist, daß jede Person mit allen anderen Personen in Verbindung treten kann, und zwar nicht nur mittelbar über andere Menschen, sondern von Angesicht zu Angesicht. Es handelt sich dabei um eine Primärgruppe, d. h. eine intime face-to-face-group mit Kooperation *(Homans).*

Das Ziel der sozialen Gruppe ist, sich in der für sie gegebenen Umwelt am Leben zu erhalten. Der Erreichung dieses Zieles dient die Aktivität der Gruppe, wobei sich die Gesamtaktivität nach einem bestimmten Schema der Interaktionen in Teilaktivitäten aufgliedert. Aktivität, Interaktion und Gefühl sind nach der von *Homans* entwickelten soziologischen Theorie der Gruppe drei wesentliche Elemente des Verhaltens von Personen in Gruppen.

Dabei ist unter Aktivität zu verstehen, was letztlich „mit der Bewegung menschlicher Muskeln zu tun hat, obwohl die Bedeutung mancher dieser Bewegungen, wie zum Beispiel beim Sprechen oder bei der Begehung von Zeremonien, von ihrem Symbolgehalt abhängig ist“ *(Homans).* Interaktion besteht nach *Homans* darin, daß eine bestimmte Einheit der Aktivität eines Menschen der bestimmten Einheit der Aktivität eines anderen folgt oder von dieser angeregt wird, mit anderen Worten: daß das Verhalten des einen Menschen das Verhalten des anderen stimuliert und steuert. Die Interaktion kann über Aktionen, ohne den Gebrauch von Worten, verlaufen, ebenso wie über verbale oder andere symbolische Kommunikationen. Gefühle schließlich bezeichnet *Homans* als auf „innere Zustände des menschlichen Körpers“ bezogen. Es geht bei Gefühlen um Erlebnisse, in denen sich persönliche Stellungnahmen des Individuums zu den Inhalten seines Erlebens manifestieren.

Die Aktivitäten, Interaktionen und Gefühle der Gruppenmitglieder konstituieren, zusammen mit den gegenseitigen Beziehungen dieser Elemente, in der Zeit, in der die Gruppe wirksam ist, das sogenannte soziale System *(Homans).*

Die Beziehung gegenseitiger Abhängigkeit von Gefühl und Aktivität besteht nach *Homans* in der einfachsten Form darin, daß Gefühle als Motive und Antriebe Aktivität hervorrufen. „Wenn die Aktivität dann erfolgreich abgelaufen ist, verschwindet das Motiv wieder.“ In bezug auf die gegenseitige Abhängigkeit von Aktivität und Interaktion in der Gruppe heißt es, „daß jede Aufgliederung der zur Ausübung einer Gesamtaktivität erforderlichen Teilaktivitäten unter den Mitgliedern einer Gruppe bei diesen zu einem bestimmten Schema der Interaktionen führt, und daß sich dieses Schema ändern wird, wenn es zu einer Veränderung in dem Schema der Aktivitäten kommen wird und vice versa“. In bezug auf die gegenseitige Abhängigkeit von Interaktion und Gefühl gilt: Je häufiger Personen miteinander in Interaktion stehen und keine von ihnen Interaktion mit viel größerer Häufigkeit als die anderen einleitet, d. h. je mehr sie als *Gleiche* in Interaktion stehen, um so größer wird ihre Zuneigung füreinander und vice versa *(Homans)*.

Ein weiterer wichtiger Faktor für das Verhalten von Menschen in Gruppen sind die von ihnen entwickelten Vorstellungen, speziell jene, die als Normen bezeichnet werden. Die Unterschiedlichkeit der Mitglieder einer Gruppe kann unter anderem durch das Ausmaß bestimmt werden, in welchem sich ihre Verhaltensweisen den Verhaltensnormen der Gruppe annähern. Eine Norm ist eine von den Gruppenmitgliedern entwickelte Vorstellung, die eine Aussage darüber enthält, was andere Menschen in der Gruppe tun sollten und tun müßten, was man unter gewissen Umständen von ihnen erwartet. Eine Erwartung dieser Art gilt jedoch erst dann als Norm, wenn jede Abweichung des tatsächlichen vom erwarteten Verhalten bis zu einem gewissen Grad eine Bestrafung zur Folge hat. In diesem Sinne werden Normen auch als Sanktionsmuster (sanction patterns) bezeichnet.

Normen werden also als das erwartete Verhalten einer Anzahl von Menschen definiert. Nun werden manche Normen zwar von allen vertreten, gelten aber nur für ein bestimmtes Gruppenmitglied. Sie legen fest, welche Handlungsweisen von einem einzelnen in einer bestimmten Lage gegenüber anderen erwartet werden. So rechnet man zum Beispiel damit, daß eine Mutter ihre Kinder, ein Wirt seine Gäste, ein Therapeut seine Patienten in bestimmter Weise behandelt. Eine Norm dieser Art, d. h. eine Norm, die das erwartete Verhalten einer Person in bestimmter Lage gegenüber anderen Personen festsetzt, mit denen sie in Berührung kommt, wird auch als die *Rolle* dieser Person bezeichnet. Mit dem Begriff der Rolle hängt der des Status eng zusammen. „Ein *Status* im abstrakten Sinne ist eine Position in einem bestimmten (sozialen Verhaltens-) Muster ... Ein Status ist — wohl unterschieden von dem Individuum, das ihn besitzt — nichts weiter als eine Reihe von Rechten und Pflichten ... Die *Rolle* stellt die dynamischen Aspekte des Status dar ... Rolle und Status sind untrennbar verbunden, und die Unterscheidung zwischen ihnen ist nur von theoretischem Interesse. Es gibt keine Rolle ohne Status und keinen Status ohne Rolle" (*Linton* 1936).

Das sind die wichtigsten Faktoren, mit deren Hilfe *Homans* die Gruppe konzeptualisiert hat.

II. Die ersten Versuche einer strikten Anwendung von psychoanalytischen Prinzipien in der Gruppenbehandlung unter entsprechender Anpassung des setting (Kleingruppe)

Freud hatte, wie ich zuvor dargestellt habe, die Sozialpsychologie in die Individualpsychologie einbezogen. „Im Seelenleben des einzelnen kommt ganz regelmäßig der andere als Vorbild, als Objekt, als Helfer und als Gegner in Betracht, und die Individualpsychologie ist daher von Anfang an auch gleichzeitig Sozialpsychologie in diesem erweiterten, aber durchaus berechtigten Sinne" (*Freud* 1921, Bd. XIII, S. 73). *Freud* sah in dem Verhältnis des einzelnen zu anderen soziale Phänomene, die ihn tiefenpsychologisch interessierten, die er jedoch psychotherapeutisch nicht berücksichtigte. Seine therapeutischen Bemühungen blieben auf die analytische Zweierbeziehung und die innerseelischen Prozesse der Patienten beschränkt.

Durch die Beobachtungen der Sozialpsychologie und Kulturanthropologie, der Sozialpsychiatrie und der Verhaltenslehre fanden die sozialen Determinanten menschlichen Verhaltens immer mehr Beachtung. Unter den deutschen Soziologen waren es *Georg Simmel* (1890) und *Leopold v. Wiese* (1924), die sich früh mit dem Gruppeneinfluß auf das Individuum beschäftigten und damit, daß jeder soziale Prozeß die beteiligten Menschen in ihrer Struktur verändert. Vieles, was nach der psychoanalytischen Theorie zunächst für triebhaft gehalten wurde, erschien unter diesen Aspekten zunehmend als erlerntes Verhalten, oder genauer: Was vererbt ist oder so scheint, wird sozial und kulturell übermittelt (*Foulkes* 1970).

Viele Psychoanalytiker, beeindruckt von der sozialen Natur der menschlichen Psyche, stellten daher Überlegungen darüber an, wie dieser Gegebenheit im psychotherapeutischen Handeln Rechnung zu tragen sei, und begannen in diesem Zusammenhang, eine psychoanalytische Therapie in oder durch Gruppen zu praktizieren. Dabei spielte auch eine Rolle, daß sich manche von ihnen zur therapeutischen Auseinandersetzung mit Patienten-Gruppen aus nicht primär therapeutischen Gründen gedrängt sahen. So wurden die beiden englischen Psychotherapeuten *Foulkes* und *Bion* während des Zweiten Weltkrieges als Armeepsychiater mit psychotherapiebedürftigen Patienten *großer Anzahl* konfrontiert; die amerikanischen Psychotherapeuten *Wolf* und *Schwartz* sahen sich vor das Problem der psychotherapiebedürftigen Patienten mit *geringem Einkommen* gestellt.

1. Die analytische Gruppenpsychotherapie S. R. Slavsons

Slavson (1943, 1950, 1956, 1966[1,2]) ist ein Pionier der analytischen Gruppenpsychotherapie in den USA und hat der Entwicklung und Ausbreitung dieser Methode in Nordamerika starke Impulse gegeben. *Slavson* (1943) entwickelte seine Gruppenpsychotherapie aus der Kinderbehandlung. Er studierte die therapeutisch wirksamen Faktoren bei Kindern mit Charakterstörungen im Rahmen einer therapeutischen Gruppensituation, in der zahlreiche manuelle Aktivitäten (Basteln, Werken, o. dgl.) die Matrix der Behandlung bildeten (Aktivitäts-Gruppentherapie). Die in solchen Gruppen vorherrschenden und therapeutisch wirksamen psychodynamischen Prozesse waren nach *Slavsons* Beobachtung die folgenden: Entlastung von innerseelischem Druck, unvoreingenommenes Akzeptiertwerden, „bedingungslose Liebe", Beziehungsbildung, u. ä.

Die von *Slavson* (1966[1]) aus diesen Ansätzen entwickelte analytische Gruppenpsychotherapie für Jugendliche und für Erwachsene wird von ihm durch die folgenden vier Merkmale charakterisiert:

1. Die Kleinheit der Gruppe: Ihre Größe darf die Zahl von 8 Teilnehmern nicht übersteigen und die Zahl von 5 nicht unterschreiten. In einer vergleichsweise größeren Gruppe würden die zwischen-

menschlichen Reaktionen und Wechselwirkungen nicht stattfinden können, die für die Gruppenpsychotherapie grundlegend sind. In einer vergleichsweise kleineren Gruppe würde die gegenseitige Induktion zu intensiv werden, auf Kosten der für die Therapie notwendigen direkten Wechselwirkungen, Neutralisierungen, kathartischen Vorgänge und korrektiven gruppendynamischen Prozesse.

2. Die Funktion des Gruppentherapeuten: Um eine organisatorische Starrheit der Gruppe (group fixity) zu vermeiden, dürfe er weder ständig die zentrale Position in der Gruppe innehaben noch die Funktionen des Ichs und Über-Ichs der einzelnen Mitglieder übernehmen.
3. Die Strukturierung der Gruppe durch den Therapeuten mittels Patienten-Selektion aufgrund diagnostischer und therapeutischer Kriterien.
4. Die Freiheit und Spontaneität der Handlung und der Aussprache (Katharsis): sie müsse in einem Ausmaß gegeben sein, wie sie, in Abhebung von allen sonstigen Gruppen, nur eine therapeutische Gruppe gewähren könne.

Damit hat *Slavson* die therapeutische Gruppe definiert als eine Kleingruppe (5—8-Personen-Gruppe), worin der Therapeut u. a. die Funktion hat, eine organisatorische Starre zu verhindern, die ferner vom Therapeuten unter diagnostisch-therapeutischen Gesichtpunkten zusammengestellt und in dieser Hinsicht von ihm strukturiert wird und die in einem ganz besonderen Maße Freiheit und Spontaneität der Handlung und Aussprache ermöglicht.

Als die elementaren Wirkelemente der analytischen Gruppenpsychotherapie wie jeder fundierten Psychotherapie nennt *Slavson* (1966[2]): Übertragung, Katharsis, Einsicht (oder Ich-Stärkung) und Realitätsprüfung. Die allgemeinste Grundlage aller Psychotherapie ist seiner Meinung nach die Beziehung: „Es besteht allgemeine Übereinstimmung darin, daß eine erfolgreiche Therapie auf der fundamentalen, positiven Beziehung des Patienten zum Therapeuten beruht; für die Gruppenpsychotherapie bedeutet das eine Beziehung mit den anderen Mitgliedern der Gruppe“ (*Slavson* 1966[2]).

Seine Auffassung der Wirksamkeit der Übertragung als einer spezifischen Beziehungsform hat *Slavson* wie folgt formuliert: „Die Übertragung besteht, allgemein gesagt, darin, daß der Patient die seinen Eltern gegenüber eingenommenen Gefühlshaltungen, seien sie nun positiv oder negativ, auf den Therapeuten richtet. Der Therapeut benutzt diese ambivalenten Einstellungen, um dem Patienten zu einer Reifung zu verhelfen, die ihn über seine frühen traumatischen Fixierungen hinausführt. Die therapeutische Situation wird jedoch erst dort wirksam, wo die Übertragung positiv wird. Wenn diese positive Übertragung hergestellt ist, bemüht sich der Patient, dem Therapeuten, den er so als einen Elternteil angenommen hat, Freude zu machen, so wie er sich als Kind bemühte, seinen wirklichen Eltern zu gefallen" (*Slavson* 1956).

Nach *Slavson* (1950) können in der therapeutischen Gruppe verschiedene Typen der Beziehungsbildung beziehungsweise der Übertragung zu gegenseitiger Hilfe führen, zur Möglichkeit der Entlastung von Aggression oder zur Minderung von Schuldgefühlen. Die in therapeutischen Gruppen geförderte Bildung von Untergruppen biete jedem der Teilnehmer eine spezielle Möglichkeit des Partizipierens. In Abhängigkeit von der jeweiligen Situation spiele sich die Übertragung innerhalb von und zwischen Untergruppen ab.

Beide, positive wie negative Übertragungsgefühle, könnten durch Identifikation und durch Rivalität intensiviert werden. Rivalität könne so zustande kommen, daß die Patienten versuchten, dem Therapeuten zu gefallen und sich so seiner Aufmerksamkeit und Liebe zu versichern. Weil die latenten feindseligen und aggressiven Gefühle gegenüber den Elternfiguren zumeist nahe der psychischen Oberfläche lägen und daher leicht aktiviert werden könnten, tendierten die Patienten aus Schuldgefühlen und dem Bedürfnis nach Protektion durch die Gruppe zwecks Schutz vor Bestrafung dahin, Verbundenheit untereinander herzustellen. In den Phasen einer negativen Übertragungsbeziehung zum Therapeuten sei die Gruppenkohäsion daher besonders groß.

In bezug auf die Katharsis äußert *Slavson* (1966[2]): „Wenn die grundlegende Übertragung (auf den Therapeuten) positiv ist, kann Katharsis stattfinden, d. h. der Patient kann auf die emotionale Entwicklungsstufe seiner Fixierung regredieren. Er ist dann in der Lage, seine infantilen Wünsche auszusprechen oder sie abzureagieren (acting out). Da sich der Patient sicher fühlt, daß er vom Therapeuten angenommen wird, fürchtet er nicht, seine Gefühle und Vorstellungen, die ja sonst weder gutgeheißen noch akzeptiert würden, mitzuteilen oder auszuleben."

Die Einsicht ist nach Meinung *Slavsons* in Aussprachegruppen das bedeutendste therapeutische Instrument. Der Therapeut helfe jedem Mitglied der Gruppe, die eigenen Reaktionen und die Ursache seiner seelischen Belastung und sozialen Anpassungsschwierigkeiten zu verstehen.

Die Realitätsprüfung sei ein wesentlicher Teil der psychologischen Behandlung; doch das bedeute nicht, daß in der Behandlungssituation Realität (im Sinne der sozialen Realität) vorhanden sein müsse. „In der Gruppenpsychotherapie schaffen wir jedoch eine flexible Realität, die in ihrer Komplexität abgestuft ist, so daß sich der Patient mit ihr als Teil der Behandlungssituation auseinandersetzen kann ... Die Realität der analytischen Aussprache-Gruppe ist eine äußerst intensive emotionale Realität. Den Reaktionen auf die Gefühle von einzelnen aus der Gruppe kann man schwer entfliehen ... die wichtigsten realen Faktoren sind die Reaktionen der Gruppenmitglieder, ihre Ermutigungen oder Unlust, ihre Zustimmung oder Ablehnung und die Interpretationen, die sie über Handlungen oder Aussagen abgeben" (*Slavson* 1966[2]).

In Bezug auf die Funktionen des Therapeuten ist *Slavson* (1950) der Meinung, daß dieser über adaequate Informationen hinsichtlich der Psychodynamik und der Psychopathologie jedes Teilnehmers der Gruppe verfügen und das Kernproblem jedes Gruppenpatienten kennen solle. Nur dann könne er den Verlauf der Behandlung bestimmen, wie er in bezug auf jeden Patienten verfolgt werden sollte, ebenso wie die notwendige Intensität der Therapie. Ferner müsse der Therapeut ständig bemüht sein, den latenten Inhalt und die latente Richtung der Gruppengespräche zu erfassen. Die Kenntnis der Psychodynamik jedes Teilnehmers ermögliche es dem Therapeuten, den Patienten durch adaequate Handhabung der Übertragung und durch Ich-Stärkung zu helfen, seine Schwierigkeiten und Ängste zu überwinden.

Slavson wendet also psychoanalytische Techniken im setting einer Kleingruppe an — jedoch nicht auf der Ebene von Gruppenprozessen, sondern auf der Ebene der untereinander in Interaktion stehenden Individuen. Es wird von *Slavson* nicht beziehungsweise nicht ausreichend berücksichtigt, daß und wie das Verhalten eines Individuums in der Gruppe durch die Gruppe bestimmt und verändert wird; dabei handelt es sich um gruppenspezifische Prozesse, d. h. um die Ursache-Wirkung-Beziehungen in sozialen Gruppen, die unter dem Stichwort ‚Gruppendynamik' zunehmend das Interesse auch der Psychotherapeuten und Psychoanalytiker fanden (s. *Heigl* 1970). Doch gibt es außer *Slavson* noch andere Psychotherapeuten, die auf die Einbeziehung von Gruppenprozessen in die Therapie verzichten, so auch die beiden Autoren, deren therapeutisches Vorgehen jetzt dargestellt werden soll.

2. Das Konzept einer Psychoanalyse in Gruppen von Wolf und Schwartz (1962)

Die beiden Autoren bezeichnen die von ihnen praktizierte Gruppentherapie als psychoanalytisch. Sie verwenden im Gruppenrahmen die Techniken der Traum-Interpretation, der freien Assoziation, der Analyse von Widerstand, Übertragung und Gegenübertragung. Die Gruppendynamik ist in dieses Konzept ausdrücklich nicht einbezogen. Die multipersonelle Situation der Gruppe wird nur als Möglichkeit gegenseitiger Stimulierung im Prozeß analytischer Auseinandersetzung benutzt.

Wolf und *Schwartz* (1962) gliedern den Gesamtablauf ihrer Therapie in die folgenden sechs Phasen:

1. Die Einleitungsphase;
2. eine Phase, die durch die Mitteilung und Bearbeitung von Träumen und Phantasien sowie durch die Äußerung von Kritik, insbesondere auch am Analytiker, bestimmt ist;
3. eine Phase, in der die Inter-Reaktion durch interpersonelle freie Assoziation die Abläufe in der Gruppe bestimmt;
4. eine Phase der Analyse des Widerstands;
5. eine Phase der Analyse der Übertragung;
6. eine Phase des Durcharbeitens.

1. Phase: Wenn 8 oder 10 Patienten durch individuelle Behandlung auf den Eintritt in eine Gruppe ausreichend vorbereitet sind, wird ein Datum für die Eröffnungssitzung verabredet. Den Patienten wird mitgeteilt, daß sie einander nur ihre Vornamen zu nennen brauchten. Auf diese Weise soll ihnen eine partielle Anonymität ermöglicht und in der Gruppe eine informelle Atmosphäre erzeugt werden.

Der Analytiker bemüht sich darum, das Element des Informellen zu verstärken. Er setzt sich mit den Patienten in einen Kreis. Er drängt in der ersten Sitzung auf keinerlei Aktivität. Er gibt den Patienten die Möglichkeit, sich zu entspannen, indem er sie nicht unmittelbar zum Partizipieren aufruft und sie in Ruhe sich gegenseitig beobachten läßt.

Die Gruppensitzungen finden wöchentlich statt. Schon in den vorangegangenen Einzelgesprächen wurden die Patienten darauf hingewiesen, daß sich die regulären mit sogenannten alternierenden Sitzungen (alternate session) abwechseln; letztere sind dadurch gekennzeichnet, daß der Analytiker *nicht* teilnimmt. Es soll in diesen Sitzungen jedoch in gleicher Weise analytisch gearbeitet werden wie in den regulären.

Schon in der ersten Sitzung der Therapie werden die Patienten angeregt, einen rezenten, einen Wiederholungstraum, oder einen alten Angsttraum zu berichten. Sie werden angeregt, zum Trauminhalt frei zu assoziieren und schließlich Vermutungen im Sinne einer Interpretation des Traumes anzustellen. Falls Träume nicht verfügbar sind, regt der Therapeut die Gruppe zur Mitteilung von Tagträumen und ähnlichen Phantasien an. In den folgenden Sitzungen konzentriert sich der Analytiker darauf, die Entwicklung gegenseitiger guter Beziehungen unter den Patienten zu fördern. Er tut das auf die Weise, daß er selbst Wärme und Optimismus ausstrahlt, daß er interpersonelle oder spontane Inter-Reaktionen aggressiver oder feindseliger Art nicht so sehr zur Entfaltung kommen läßt, und dadurch, daß er zu allem, was ein Patient an Frustrationsproblemen, Träumen, o. ä. mitteilt, eine sympathieerfüllte, permissive Haltung einnimmt.

2. Phase: Die zweite Phase dieser Art Gruppentherapie ist durch die Bearbeitung von Träumen als dem fundamentalen Vorgehen im analytischen Prozeß charakterisiert. Sie wird als wichtiges therapeutisches Movens betrachtet und durchzieht dann alle Stadien der Behandlung. Der Analytiker fragt nach Träumen in ihren Einzelheiten. Er ist speziell an solchen Träumen interessiert, in denen andere Mitglieder der Gruppe in Erscheinung treten. Zu solchen Träumen komme es überraschend häufig, und sie pflegten ein hohes Ausmaß an Aufmerksamkeit in der Gruppe zu erregen. Die Patienten werden aufgefordert, zu den gegenseitigen Träumen frei zu assoziieren und einen intuitiven Austausch in tieferen Erlebnisschichten anzubahnen. Die Gruppe wird zunehmend durch die Traum-Analyse beansprucht und bewegt, durch Assoziationen, Katharsis, Gefühle der Befreiung und des Erlebens wechselseitiger Entsprechungen. Diese Elemente förderten die Gruppeninteraktionen; und das sei gerade für die erste Behandlungsphase besonders wichtig.

3. Phase: Wenn sich in der permissiven Atmosphäre, die durch die Mitteilung von Träumen, Phantasien und Problemen der Kritik gefördert wird, ein guter Gruppenrapport entwickelt hat, ist das zweite Stadium dieser Gruppenpsychotherapie abgeschlossen. Der Therapeut kann nun die Gruppe in ein anderes Behandlungsstadium führen, in eine Periode, in der jeder Patient über den nächsten frei assoziiert. Der spontane inter-reaktive Prozeß bedient sich dabei weiterhin der Träume und Phantasien. Jedoch wird jetzt mehr Aufmerksamkeit auf die neue Technik gerichtet, die durch die Mitteilung von spontanen und unzensurierten Vermutungen über andere Mitglieder der Gruppe gekennzeichnet ist.

Analytiker und Patienten bemühen sich um dieses Verfahren in gleicher Weise. Jedes Mitglied versucht, zu dem ihm Nächstsitzenden frei zu assoziieren, und zwar rundherum im Kreis. Auf diese Weise treten psychodynamische Prozesse in Erscheinung. Die Patienten werden angeregt, solche Bezüge auf Gegenseitigkeit zu sehen und sich und dem Therapeuten gegenseitig zu helfen, sie zu verstehen. Das weckt ihre Aufmerksamkeit und ermuntert sie zu gegenseitiger Überprüfung. Sie werden so zu aktiven Gruppenteilnehmern.

4. Phase: Die vierte Phase der Psychoanalyse in Gruppen nach dem Vorgehen von *Wolf* und *Schwartz* beginnt, wenn die Patienten, während sie fortfahren, frei übereinander zu assoziieren, ihre Widerstände zunehmend deutlicher in Erscheinung treten lassen. In diesem Stadium werden Widerstände aufgedeckt, studiert, und die Kräfte, die sie stützen, werden geprüft. Schließlich steht jedes Gruppenmitglied unter dem Eindruck zunehmender Evidenz, die allmählich dazu führt, daß es seine Widerstände auflöst. Der Widerstand manifestiert sich in den vielfältigen Formen, die auch in der individuellen Analyse auftauchen. Doch bietet die Gruppe eine spezielle Situation, die auch entsprechend spezielle Formen des Widerstandes in Erscheinung treten läßt.

5. Phase: Dem Widerstand eng benachbart ist die Übertragung. Das Aufdecken und die Auflösung der Übertragung ist einer der wichtigsten Aspekte der Psychoanalyse in Gruppen. Die Projektion von Eltern- und Geschwisterbildern auf andere Gruppenmitglieder wird intensiv studiert. Unter der Leitung des Analytikers entdecken die Patienten allmählich das Ausmaß, in dem sie sich gegenseitig mit Zügen ihrer frühen familiären Erfahrung ausstatten. Im Gruppenrahmen, wo ein Patient eine signifikante Figur seiner Genese nicht nur auf den Analytiker, sondern auch auf die Gruppenmitglieder projizieren kann, ist das Übertragungsfeld in einer für die Therapie wünschenswerten Weise ausgeweitet. — Auch der Londoner Gruppentherapeut *W. Schindler* (1950, 1955) betrachtet die therapeutische Gruppe als Wiederholung des Musters der Familienbeziehungen.

6. Phase: In der letzten Phase der Psychoanalyse in Gruppen nach *Wolf* und *Schwartz* wird die Technik der spontanen Inter-Reaktion ergänzt durch bewußtes, methodisches Prüfen und Planen von verbalisierten Antworten, die im optimalen persönlichen und wechselseitigen Interesse der Gruppenteilnehmer liegen. Es ist die Periode eines intensiven Kampfes mit den eigenen Übertragungsreaktionen. Sie beginnt, wenn solche Reaktionen weder länger verborgen noch gerechtfertigt werden können, wenn Einsicht ohne entsprechendes Handeln nicht mehr toleriert werden kann, wenn eine Änderung des Charakters an die Stelle der Darstellung und Erläuterung des Charakters treten und wenn Selbst- und Gruppendisziplin eine persönliche Umstellung fordern. Es ist, kurz gesagt, die Periode des Durcharbeitens.

Ein Kriterium dafür, ob der Patient fähig ist, die Behandlung zu beenden, ist das folgende: Ist er fähig, seine eigenen Übertragungsäußerungen zu analysieren und damit umzugehen? Ist er fähig, auf die auf ihn gerichteten Projektionen anderer gestörter Patienten nicht mehr mit Gegenübertragung zu reagieren? Mit der zunehmenden Fähigkeit, die irrelevanten Übertragungskomponenten im Verhalten anderer zu erkennen, ist er in der Lage, Gegenübertragungsreaktionen zu vermeiden.

Soweit die Betrachtungsweise und das Vorgehen von *Wolf* und *Schwartz* als Beispiel für die gruppentherapeutische Variante der „Psychoanalyse in der Gruppe“. Es wird dabei völlig auf das Individuum fokussiert; den Gruppenprozessen wird, ebenso wie bei dem von *Slavson* geübten Vorgehen, keine Beachtung geschenkt. Im technischen Vorgehen wird stärker strukturiert, als es den Prinzipien der Psychoanalyse entspricht, so zum Beispiel durch die Aufforderung, Träume bestimmter Art (rezente oder Wiederholungsträume) oder bestimmten Inhalts (Angstträume oder Träume, in denen Gruppenmitglieder erscheinen,) zu berichten, durch die Anregung, in einer durch die Sitzordnung bestimmten Reihenfolge zu Träumen oder anderem Material zu assoziieren, die Träume wechselseitig zu interpretieren und überhaupt in bezug auf die anderen Gruppenmitglieder diagnostische Funktionen zu übernehmen.

III. Versuche einer Integration von psychoanalytischen mit gruppendynamischen Konzepten

1. Konzeptualisierung einer psychoanalytischen Gruppenpsychotherapie durch Foulkes (1948, 1957[1,2], 1964)

Foulkes (1957[1]) grenzt seine Auffassung von der Kleingruppe und von ihren therapeutischen Möglichkeiten einmal ab gegen eine Methode, wonach unter Nichtbeachtung der Gruppendynamik Psychoanalyse des einzelnen in der Gruppe versucht wird, ferner gegen die Auffassung, wonach Psychoanalyse der Gesamtgruppe als einer Wesenheit, einer Entität durchgeführt, die Gruppe also quasi zu *einem* Patienten gemacht wird, und schließlich gegen eine Konzeption, in der die Gruppendynamik quasi zum Selbstzweck erhoben und die beim Individuum ablaufenden intrapsychischen Prozesse vernachlässigt werden.

Foulkes umreißt sein Grundkonzept von der Gruppe in folgender Weise: Psychische Störungen wurzeln in einer Störung der Kommunikation des Individuums mit den anderen, in seiner Entfremdung von der Gemeinschaft (community). Diese Kommunikationsstörung ist ein Niederschlag internalisierter frühkindlicher Konflikte mit den Eltern und indirekt mit den Tabus der Gesellschaft. Solche zu psychischer Krankheit führenden Störungen der zwischenmenschlichen Beziehungen betreffen in erster Linie die Beziehungen zu den nächststehenden Personen. In diese Störungen ist ein ganzes Netzwerk von Interaktionen einbezogen; die Störung ist der Ausdruck eines gestörten Gleichgewichts im Gesamtfeld aller Interaktionen, die die kranke Person betreffen. Der Neurosekranke ist im Vergleich zum Gesunden einerseits stärker isoliert von der Gesellschaft, andererseits stärker an die Gruppe, seine familiäre Gruppe, fixiert.

Nach Auffassung von *Foulkes* ist die individuelle Analyse bereits eine Form der Gruppentherapie, da sie in der Übertragung die konflikthafte Beziehung der Person zur Gesellschaft manifest werden läßt. *Foulkes* vertritt die Ansicht, daß jedes Ereignis in der (therapeutischen) Gruppe auch auf dem Hintergrund des Netzwerkes der gesamten Kommunikationen und Interaktionen, in dem eine Person sich befindet, zu verstehen ist; in Anlehnung an *Ruesch* und *Bateson* (1951) bezeichnet er diese Art Netzwerk als die „Matrix" der Gruppe. Die Gruppenmatrix ist operationale Grundlage aller (geistigen) Prozesse in der Gruppe. So hat selbst die paranoide Idee eines Individuums in einer Gruppe nicht nur einen subjektiven Bedeutungsgehalt, sondern auch einen relativen Gehalt an objektiver Realität; sie enthält „ein Korn Wahrheit"; z. B. kann die Vergiftungsidee eines Mitglieds *auch* eine Reaktion auf latente oral-destruktive Tendenzen in der Gruppe sein.

Der Therapeut, der sich der Gruppe im Sinne von *Foulkes* „psychoanalytisch nähert", muß den Fokus seiner Aufmerksamkeit und Interpretation ständig von der interindividuellen auf die intraindividuelle Ebene verlagern und vice versa. Im Sinne der Gestaltpsychologie sind jeweils „Figur" oder „Grund" wichtiger; beide sollten alternierend beobachtet und erfaßt werden. Der „Raum zwischen den Individuen" ist nach *Foulkes* nicht leer, sondern von einer „Gefühlsatmosphäre" erfüllt, deren „Spannung" und „Temperatur" der Therapeut fähig sein sollte zu registrieren. Der Begriff der Spannung, die sich aus dem Konflikt zwischen den Bedürfnissen des Individuums und den Bedürfnissen der Gemeinschaft ergibt, stammt von *Lewin* (1951) ebenso wie der Begriff der Atmosphäre. Die „Atmosphäre" wird in der Gruppentherapie vornehmlich durch die Wahrnehmung der Gegenübertragung erfaßt. (siehe auch *Grinberg* et al. 1960)

Die analytische Gruppenpsychotherapie hat nach *Foulkes* die Aufgabe, die gestörte Kommunikation, Partizipation und Zugehörigkeit (belongingness nach *Lewin*) des psychisch Kranken wiederherzustellen. Die Gruppe muß sich dabei von einem symbolisch-primitiven Ausdrucksniveau zu bewußt artikulierter Sprache vorarbeiten. Diese „Kommunikationsarbeit" ist der erste therapeutische Schritt, auf den die eigentliche Deutungsarbeit folgt.

Die Kommunikation spielt sich nicht nur auf der quasi horizontalen Ebene der Interaktionen im Sinne des kommunikativen Netzwerks, der Gruppenmatrix ab, sondern auch in einem quasi vertikalen

Bezugssystem, dem des Bewußten und dem des Unbewußten. Das Vehikel der Kommunikation und damit das therapeutische Agens sind im Normalfall die bewußten Sekundärprozesse, d. h. logische Gedanken und artikulierte Sprache. Bei der Neurose und besonders bei der Psychose erfolgt die Kommunikation über den Primärprozeß, d. h. mittels des primitiven prälogischen Denkens, der „Sprache der Symptome", der Konversion und anderer körperlicher Äquivalente von abgewehrten Emotionen. Das kontinuierliche Andrängen latenter Erlebnisinhalte fördert eine Entwicklung, die von Symptombildungen und Träumen zur Artikulation des Konflikts führt.

Daraus resultieren Verständigungsschwierigkeiten in der therapeutischen Gruppe, um deren Ausgleich der Therapeut bemüht sein sollte. Es ist eines der therapeutischen Ziele, eine gemeinsame Zone des Verständnisses zu schaffen, die einerseits ins Unbewußte hinabreicht, d. h. die Ausdrucksformen des Primärprozesses einbezieht, andererseits ein Anheben des Verständnisses auf die Ebene des logischen Denkens und der bewußten sprachlichen Artikulation anstrebt. Es geht um eine Erweiterung des Kommunikationsbereichs in beide Richtungen, insbesondere aber in Richtung zu bewußt artikulierter Sprache.

Die nicht-analytischen *psycho*therapeutischen Gruppen werden von den Therapiegruppen im weiteren Sinne abgegrenzt durch die folgenden drei Kriterien:

1. Die verbale Kommunikation hat das Primat.
2. Das Objekt der Behandlung ist das Individuum; die Gruppe wird nicht um ihrer selbst willen, zum Beispiel mit dem Ziel der „efficiency" behandelt.
3. Die Gruppe selbst ist das wichtigste therapeutische Agens. —

Die analytische Gruppenpsychotherapie wird in folgender Weise gekennzeichnet und von allgemeinen sozialen Gruppen, Therapiegruppen sowie nicht-analytischen psychotherapeutischen Gruppen, abgegrenzt:

1. Die verbale Kommunikation, die, wie gesagt, in psychotherapeutischen Gruppen das Primat hat, wird ausdifferenziert zur „Gruppenassoziation" beziehungsweise zur „frei flottierenden Diskussion", die der freien Assoziation nach der Grundregel der Einzelanalyse entspricht.
2. Aktionen und Interaktionen werden durch die Gruppe selbst interpretiert.

3. Das Diskussionsmaterial wird nicht nur auf seinen manifesten, sondern auch auf seinen latenten Inhalt hin untersucht. —

Foulkes unterscheidet im Ablauf einer Gruppenbehandlung folgende typische Phasen:

Initialphase: Sie ist charakterisiert durch magische Erwartungen gegenüber dem Therapeuten und ist in diesem Sinne führerzentriert; sie ist ferner charakterisiert durch den Beginn der Kommunikation untereinander, durch einen therapeutischen Effekt im Sinne besserer Verbalisation und Sozialisation.

Mittelphase: Sie ist gekennzeichnet durch ein deutliches Hervortreten der Ambivalenz gegenüber dem Therapeuten; gleichzeitig beginnt die Gruppe sich selbst zu interpretieren; es entwickelt sich eine Gruppenzentriertheit; die zuvor führerzentrierte Gruppe wird zunehmend gruppenzentriert.

Endphase: Sie ist dadurch ausgezeichnet, daß die bereits überwundene Abhängigkeit vom Therapeuten und bereits verschwundene Symptome erneut in Erscheinung treten (als Ausdruck von Trennungsangst). Sie erfordert eine aktivere Haltung des Therapeuten und eine Einwirkung in Richtung auf Realitätsanpassung der Mitglieder. —

Foulkes hat seinem Konzept der therapeutischen Gruppe neben psychoanalytischen auch gruppendynamische Begriffe eingefügt; er hat als einer der ersten eine Integration dieser Art versucht; gleichzeitig benutzt er psychoanalytische Techniken in einer der Gruppe angepaßten Form konsequent als Instrument der therapeutischen Annäherung. Besonders wichtig erscheint mir die Verwendung des gruppendynamischen Begriffs der Matrix als der Versuch, das Interaktions- und Kommunikationssystem der Gruppe als *eine* Determinante des Verhaltens der Gruppenteilnehmer zu betrachten und zu berücksichtigen. Im übrigen sind die von *Foulkes* verwandten gruppendynamischen Begriffe unterschiedlicher Provenienz und sind vielleicht etwas locker aufeinander bezogen. —

Foulkes entwickelt die These, daß die Einzelanalyse als eine Form der Gruppentherapie zu betrachten sei deswegen, weil sie in der Übertragung die konflikthafte Beziehung der Person zur Gesellschaft manifest werden läßt. Diese These scheint mir der Überprüfung zu bedürfen. Es ist zu bedenken, daß ein Unterschied besteht zwischen lediglich phantasierten Objekten und zwischen konkret präsenten Objekten oder Beziehungspersonen; denn die letzteren haben im Gegensatz zu den ersteren eigene Motivationen, und zwar häufig andere, als der Patient es sich in den Antizipationen seiner Phantasie vorstellt.

Von *Hannah Arendt* (1960) stammt die These, daß Tätigkeiten in einem hohen Grade ihr Wesen ändern, je nachdem, ob sie öffentlich oder privat geübt werden. Pluralität ist eine Bedingung des Öffentlichen; die Pluralität der Gruppe schafft einen öffentlichen Erscheinungsraum, während die Dualbeziehung der Einzelanalyse durch die ihr zugehörigen Techniken ihres öffentlichen Charakters weitgehend entkleidet, „beraubt" ist (privare) zugunsten der Umwandlung in eine private und der Singularität angenäherte Situation (*Heigl-Evers* u. *Heigl* 1968[4]).

Unter gruppendynamischen Aspekten werden Dualbeziehungen deswegen nicht als Gruppe bezeichnet, weil dabei so wesentliche Gruppenfunktionen wie Vermittlung, Mehrheitsbildung, Konsens usw. nicht mehr ausgeübt werden können (*Lindner,* s. *Heigl* 1970).

Die von *Foulkes* vorgenommene Einteilung des Therapieablaufs in drei Phasen erscheint mir insofern etwas zu schematisch, als das Auftreten von Führerzentriertheit einerseits und Gruppenzentriertheit andererseits nicht so sehr an bestimmte Phasen (Initialphase, Mittelphase, Endphase) im Längsschnitt der Gesamttherapie gebunden ist. Vielmehr stellt sich mit jedem neu auftretenden, mit irrationalen Ängsten verbundenem Konflikt zunächst die Tendenz zur Führerzentriertheit dar, die im Laufe der Klärung und Lösung des Konfliktes durch Gruppenzentriertheit abgelöst wird. Diese Phänomene sind demnach an die Phasen der Verarbeitung eines Konfliktes gebunden. Irrationale Konflikte treten jedoch immer wieder in Erscheinung, solange eine Gruppe zusammenkommt.

2. Die von Bion entwickelten Konzepte der Arbeitsgruppe (work group) und der Grundeinstellungsgruppe (basic assumption group)

Bion (1961), Mitarbeiter der Tavistock-Klinik, näherte sich den Phänomenen der Gruppe unter dem Aspekt der von *Melanie Klein* (1930, 1946) für die frühesten Stadien des kindlichen Seelenlebens entwickelten Konzepte: Die ersten Kontakte nimmt das Individuum mit der mütterlichen Brust auf und sodann, aufgrund rascher Ausweitung der primitiven Wahrnehmung, mit der Mutter als Person und mit der Familiengruppe. Wie das Kleinstkind zur mütterlichen Brust, so muß der Erwachsene Kontakt aufnehmen zum emotionalen Erleben der Gruppe, in der er lebt. Vor den beträchtlichen Schwierigkeiten, mit denen diese Aufgabe verbunden ist, sucht er Zuflucht in regressiven Zuständen. Diese sind durch die von *Melanie Klein* (1930, 1946) für die frühkindlichen Entwicklungsphasen beschriebenen Mechanismen charakterisiert.

Die Phantasie, daß eine *Gruppe* anstelle einer Ansammlung von Individuen existiere, ist ein wesentlicher Bestandteil dieser Regression. Regressiver Natur sind auch die Eigenschaften, mit denen diese phantasierte Gruppe vom Individuum ausgestattet wird. Diese Phantasie wird dadurch gefördert, daß das Individuum durch die Regression einen Verlust an individueller Bestimmtheit erfährt (*Freud* 1921). Sie ist nicht unterscheidbar von der Depersonalisation. Diese Art Depersonalisation verhindert die Wahrnehmung individueller Bestimmtheiten und läßt die Ansammlung verschiedenartiger Individuen im Erleben des Betreffenden zur „Gruppe“ werden. Wenn ein nicht an dieser Regression teilhabender Beobachter den Eindruck der Existenz einer Gruppe gewinnt, dann setzt dies nach *Bion* eine bereits vollzogene Regression der beteiligten Individuen voraus.

Bion unterscheidet bei jeder Gruppe zwei Aspekte, die er als Arbeitsgruppe (work group) und als Grundeinstellungs-Gruppe (basic assumption group) bezeichnet.

Die Arbeitsgruppe ist folgendermaßen charakterisiert: Sie schließt Aktivitäten im Sinne einer freiwilligen Kooperation der Mitglieder ein. Diese Kooperation setzt ein gewisses Maß an sophisticated skill voraus und damit ein entsprechendes Training sowie die Fähigkeit zum Erfahrungserwerb, die für eine seelisch-geistige Entwicklung Voraussetzung ist. Die Aktivität der Arbeitsgruppe ist realitätsbezogen, rational und daher, in welch embryonaler Form auch immer, wissenschaftlich (scientific). Die Arbeitsgruppen-Charakteristiken ähneln den Attributen, die *Freud* (1911, Bd. VIII, S. 230—238) dem Ich zuordnete.

Die Arbeitsgruppe wird nach *Bions* Beobachtungen gestört, abgelenkt und gelegentlich auch gefördert durch andersgeartete seelische Aktivitäten, die von mächtigen emotionalen Kräften bestimmt werden. Diese Aktivitäten führen dann zu einer gewissen Kohäsion der Gruppe, wenn sie bestimmten Grundannahmen entspringen, die alle

Mitglieder der Gruppe miteinander teilen. *Bion* spricht daher in Abgrenzung gegen die Arbeitsgruppe von einer Grundeinstellungs-Gruppe (basic assumption group).

Die Teilnahme an einer Grundeinstellungs-Aktivität setzt weder Training, noch Erfahrung, noch geistige Entwicklung und seelische Reife voraus. Auch die Fähigkeit zum Kooperieren gehört nicht zu ihren Voraussetzungen. Voraussetzung ist vielmehr etwas, was *Bion* in Anlehnung an einen physikalischen Begriff, an die Affinität von Atomen, sich miteinander zu verbinden, Valenz (valency) nennt. *Bion* definiert Valenz als die Fähigkeit eines Individuums, sich spontan und unwillkürlich mit einem anderen Individuum oder mit mehreren auf der Ebene einer Grundeinstellung zu verbinden und miteinander zu agieren.

Bion hat die folgenden drei Grundeinstellungen in Gruppen beobachtet:

1. Die Grundeinstellung der Abhängigkeit (dependent group): Im Sinne dieser Grundeinstellung ist die Gruppe zusammengekommen, um von einem Führer gestützt zu werden, von dem sie materielle wie geistige Nahrung und Schutz erwartet.

2. Die Grundeinstellung der Paar-Bildung (pairing): Die Gruppe erlebt an einer Paar-Bildung, die ein Vorstadium der Sexualität oder ein Teil von ihr ist, das Gefühl einer messianischen Hoffnung und Erwartung. Die Hoffnung hat zum Inhalt, daß eine Person oder eine Idee die Gruppe retten wird — vor eigenem Haß, eigener Destruktivität, eigener Verzweiflung oder vor den entsprechenden Affekten einer anderen Gruppe. Damit die Hoffnung erhalten bleibt, muß der Führer der Paar-Bildungs-Gruppe ungeboren bleiben; denn Hoffnung besteht nur solange, als sie unerfüllt bleibt.

3. Die Grundeinstellung von Kampf und Flucht (fight-flight-group): Unter der Herrschaft dieser Grundeinstellung verhält sich die Gruppe oder ein Teil von ihr so, als stünde sie einem gemeinsamen Feind gegenüber. Innerhalb einer Therapie stellt sich die Kampf-Flucht-Gruppe zum Beispiel folgendermaßen dar: Versuche, analytisch zu erhellen, was in der Gruppe geschieht, werden dadurch verhindert, daß mühelos emotionale Unterstützung für solche Vorschläge zu erreichen ist, die entweder Haß gegenüber allen psychischen Schwierigkeiten ausdrücken oder aber Mittel und Wege aufzeigen, der Konfrontation mit diesen Schwierigkeiten zu entkommen. —

Alle Grundeinstellungen schließen die Existenz eines Führers ein, der in der Paar-Bildungs-Gruppe nicht existent ist, i. e. ungeboren bleibt. Der Führer der Grundeinstellungs-Gruppe muß nicht mit einem bestimmten Individuum oder mit einer Person überhaupt identisch sein; es kann sich auch um eine Idee oder um ein nichtbelebtes Objekt handeln. So wird in der Abhängigkeitsgruppe der Führer häufig durch die Historie der Gruppe repräsentiert, durch ihre „Bibel". Der Führer der Kampf-Flucht-Gruppe ist derjenige, dessen an die Gruppe gerichteten Forderungen die Möglichkeit zur Flucht oder zum Angriff bieten.

Es gehört zu den Eigenschaften der Grundeinstellungs-Mentalität, daß sie ohne Zeitgefühl ist. Alle Aktivitäten, die ein Gewahrwerden zeitlicher Abläufe einschließen, werden vernachlässigt. Wenn im Kontext einer Grundeinstellungsgruppe die Dimension der Zeit in Erscheinung tritt, so wird dadurch Angst und das Gefühl des Verfolgtwerdens ausgelöst.

Ein weiteres wichtiges Charakteristikum der Grundeinstellungs-Mentalität ist das Ausbleiben jeder Entwicklung. Wenn eine Gruppe Entwicklung fürchtet, so bietet sich dafür als einfachstes angstabwehrendes Mittel an, sich durch eine Grundeinstellungs-Mentalität überwältigen zu lassen und sich so jener Form seelischen Lebens anzunähern, bei der die Fähigkeit zur Entwicklung nicht gefragt ist.

Alle Grundeinstellungsgruppen lassen also keine Veränderung zu. Die Abhängigkeitsgruppe und die Kampf-Flucht-Gruppe unterdrükken neue Ideen als solche, weil sie den Status quo gefährden; der Führer, die messianische Idee der Paar-Bildungs-Gruppe, muß, um der Erhaltung der Hoffnung willen, ungeboren bleiben.

Arbeitsgruppe und Grundeinstellungs-Gruppe bestehen in jeder Gruppe gleichzeitig nebeneinander. Dabei ist jeweils *eine* Grundeinstellung wirksam. Bei ungestörter Arbeitsgruppen-Funktion wird die aktuell wirksame Grundeinstellung, die die Aktivitäten der Arbeitsgruppe durchdringt, häufig von einer anderen abgelöst. Innerhalb einer Gruppensitzung kann es zu einem zwei- bis dreimaligen Wechsel dieser Art kommen. Eine bestimmte Grundeinstellung kann aber auch unter Umständen über Monate in einer Gruppe dominant bleiben.

In der psychotherapeutischen bzw. psychoanalytischen Gruppe ist der Therapeut der Arbeitsgruppenleiter. Die emotionale Unterstützung seiner Führung von seiten der Gruppe fluktuiert in Abhängigkeit von der aktuell wirksamen Grundeinstellung und von dem Ausmaß, in dem seine Aktivität mit der betreffenden Grundeinstellungs-Erwartung von Führung korrespondiert.

Die Interpretation in der Gruppe ist nach *Bion* ein Versuch des Therapeuten, folgende Vermutungen zu präzisieren: Die Vermutung einer bestimmten Einstellung entweder der Gruppe zum Therapeuten oder der Gruppe zu einem der Teilnehmer oder eines Teilnehmers zur Gruppe. Die Gelegenheit ist dann für eine Interpretation reif, wenn deren Inhalte auf der einen Seite von der Beobachtung der Gruppe nicht erfaßt und auf der anderen Seite von ausreichender Evidenz sind.

Interpretationen in der Gruppe sollten sich nach *Bion* auf die eigenen Gefühle des Therapeuten gründen, soweit sie eine Reaktion auf die Gruppe, auf deren projektive Identifikationen sind (*Melanie Klein* 1946). Es ist für den Therapeuten wichtig zu erkennen, ob er aus der Rolle heraus interpretiert, die ihm die projektive Identifikation der Gruppe zuweist, oder ob er das nicht tut. Ersteres kann Ausdruck einer von ihm zunächst nicht registrierten Gegenübertragung (Gegenübertragung im engeren Sinne) sein.

Die mit einer Grundeinstellung verbundenen Emotionen können mit den üblichen Termini wie Angst, Furcht, Haß, Liebe, o. ä. beschrieben werden. Es ist jedoch zu beachten, daß alle innerhalb einer Grundeinstellungs-Gruppe auftretenden Affekte sich in subtiler Weise gegenseitig beeinflussen; so ist zum Beispiel die in einer Paar-Bildungs-Gruppe auftretende Angst anders geartet als die einer Abhängigkeits-Gruppe. Keine der von *Bion* genannten Grundeinstellungen ist auf die Dauer befähigt, die Gruppe von Angst zu befreien; es findet deswegen, zur Abwehr von Angst, ein hänfiger Wechsel (shift) von einer Grundeinstellung zu einer der anderen statt.

Die Tatsache, daß die Grundeinstellungen einander ähnliche Züge aufweisen, veranlaßt *Bion* zu der Annahme, daß es sich dabei nicht um fundamentale originäre Phänomene handelt, sondern um Reaktionen auf andere tatsächlich primäre Zustände. Diese primären Zustände sieht *Bion* in den von *Melanie Klein* (1928, 1945) beschriebenen paranoid-schizoiden und depressiven Stufen mit den für diese charakteristischen Teilobjekt-Beziehungen, den damit verbundenen psychotischen Ängsten und deren Verarbeitung im Sinne von Ich-Spaltung sowie von introjektiver und projektiver Identifikation.

Nach *Bion* sind die von *Melanie Klein* beschriebenen frühen Phantasien von großer Bedeutung für die Gruppe und ihre Dynamik. Je mehr eine Gruppe gestört ist, um so eher sind diese primitiven Phantasien und ihre Verarbeitungen erkennbar. Je stabiler eine Gruppe ist, um so mehr entspricht sie *Freuds* Konzept der Gruppe als einer Wiederholung der Familiengruppe und ihrer Verhaltensmuster sowie der dazugehörigen neurotischen Mechanismen (Bd. XIII, S. 132—133). Doch können bei entsprechend langer Therapie auch in solch relativ stabilen Gruppen psychotische Erlebnisebenen in Erscheinung treten und aufgearbeitet werden.

In einer Auseinandersetzung mit *Freuds* Gruppenkonzepten (1921) stellt *Bion* folgende Überlegungen an: *Freud* sei bei seiner Auseinandersetzung mit Gruppenphänomenen vom Studium der Übertragung ausgegangen. Die Paarbeziehung der Psychoanalyse sei, wenn man sie als Teil einer größeren Gruppensituation betrachte, durch die Charakteristiken der Paar-Bildungs-Gruppe gefärbt und damit durch die der Sexualität zugehörigen Züge und Aktivitäten. *Bion* stimmt *Freud* darin zu, daß Individualpsychologie und Gruppenpsychologie deswegen nicht voreinander getrennt werden können, weil das Individuum selbst eine Funktion der Beziehung zwischen einer Person und einer anderen ist. Er hat, ebensowenig wie *Freud*, die Notwendigkeit verspürt, für die Erklärung des Verhaltens des Individuums unter dem Einfluß großer Gruppen wie *Trotter* (1916) einen besonderen Trieb (herd instinct) zu postulieren. *Bion* definiert das Individuum als ein Gruppenwesen; es sei ein Gruppenwesen im Kriegszustand sowohl mit der Gruppe wie mit jenen Aspekten seiner eigenen Persönlichkeit, die seine „groupishness" konstituieren. *Freud* (1930) hatte diesen Kriegszustand auf einen Kampf mit der „Kultur" beschränkt gesehen (Bd. XIV, S. 421—506).

In Abgrenzung gegen *McDougall* (1920) und *Le Bon* (1895) ist *Bion* nicht der Meinung, daß gruppenpsychologische Phänomene erst dann entstehen, wenn eine Anzahl von Individuen räumlich und zeitlich zusammenkomme. Diese Voraussetzung sei lediglich notwendig, um Gruppenphänomene überzeugend demonstrieren zu können. „In der Tat sollte kein Individuum, so isoliert in Raum und Zeit es sein mag, als außerhalb einer Gruppe stehend betrachtet werden oder als jemand, der in seinem Verhalten Manifestationen der Gruppenpsychologie vermissen läßt." (S. 169, eigene Übersetzung.)

Bion bestreitet ferner mit *Freud* (1921), daß eine Gruppe mehr ist als die Summe ihrer Mitglieder. „Meine Erfahrung überzeugt mich, daß *Freud* recht hatte, wenn er nach der gegenwärtigen Evidenz jedes

Konzept dieser Art als unnötig zurückwies. Die scheinbare Differenz zwischen Gruppenpsychologie und Individualpsychologie ist eine Illusion, die durch die Tatsache erzeugt wird, daß die Gruppe Phänomene zeitigt, die einem Beobachter, der nicht gewohnt ist, mit der Gruppe umzugehen, fremdartig erscheinen" (S. 169, eigene Übersetzung).

Die von *McDougall* unterschiedenen Phänomene der einfachen unorganisierten Gruppe einerseits und der organisierten Gruppe andererseits betrachtet *Bion* nicht als zwei verschiedene Gruppen im Sinne von zwei verschiedenen Aggregaten von Individuen, sondern als zwei verschiedene Zustände, Verfassungen, die nebeneinander in derselben Gruppe existieren. Die organisierte Gruppe *McDougalls* entspricht demnach der Arbeitsgruppe, die unorganisierte Gruppe der Grundeinstellungsgruppe.

Bion folgt *Freud* nicht, wenn dieser die Existenz eines Individuums außerhalb der primitiven unorganisierten Gruppe postuliert, das seine eigene Kontinuität, sein Selbstbewußtsein, seine Traditionen und Gebräuche und seine besonderen Funktionen und Positionen hat und das, bei Eintritt in eine primitive Gruppe, diese individuelle Bestimmtheit für eine Zeit verliert. Das Vorhandensein von individueller Bestimmtheit und ihr Ausmaß hängen vom jeweiligen Gruppenzustand ab. „Individuelle Bestimmtheit ist kein Teil des Lebens in einer Gruppe, die auf der Basis einer Grundeinstellung agiert" (S. 170, eigene Übersetzung).

Bion teilt ferner nicht die Auffassung *Le Bons,* wonach der „Führer" durch seinen starken Glauben den Glauben der Gruppe weckt. Nach *Bion* wird jeder Führungsanspruch von der Gruppe nicht beachtet, wenn das Verhalten des Betreffenden und seine Eigenarten aus dem Rahmen der dominanten Grundeinstellung fallen. „Ferner muß der Führer durch denselben ‚Glauben' getragen werden, der die Gruppe trägt — nicht um den Glauben der Gruppe zu wecken, sondern weil die Haltung der Gruppe und die Haltung des Führers beide Funktionen derselben Grundeinstellung sind" (S. 171, eigene Übersetzung).

In bezug auf die von *Le Bon, McDougall* und *Freud* diskutierten Phänomene der Suggestibilität einer Gruppe ist *Bion* der Meinung, daß eine ‚Suggestion' dann erfolgreich ist, wenn sie den Forderungen der jeweils herrschenden Grundeinstellung entspricht; anderenfalls sei sie unwirksam.

Die in der Gruppe zu beobachtende Intensivierung der Emotionen erklärt *Bion* folgendermaßen: Wenn eine Gruppe nicht im Sinne der Arbeitsgruppe ein ausreichendes Maß an Organisation und Struktur entwickelt, dann drängt mit einer der Grundeinstellungen zunächst Angst vor dieser Grundeinstellung an, die sich ausdrückt in einer Unterdrückung von Emotionen, da Emotionen ein wesentlicher Bestandteil der Grundeinstellungen sind. Die so entstehende Spannung erscheint dem Individuum als eine Intensivierung von Emotion. Der Mangel an Struktur fördert die störende Wirkung der Grundeinstellungs-Gruppe. In einer solchen Gruppe ist die intellektuelle Aktivität tatsächlich sehr begrenzt; das Individuum, dessen Verhalten durch Teilhaben an einer Grundeinstellungs-Gruppe bestimmt wird, fühlt sich so, als ob seine intellektuelle Kapazität reduziert wäre. *Bion* ist der Meinung, daß eine intellektuelle Aktivität hohen Ranges möglich ist in einer Gruppe, in der die Emotionen der Grundeinstellungs-Gruppen registriert werden, anstatt daß davor ausgewichen wird. „Wenn Gruppentherapie als wertvoll befunden wird, so beruht das, wie ich glaube, auf dem bewußten Erfahren einer Gruppenaktivität dieser Art" (S. 175, eigene Übersetzung).

Battegay (1971) hat diese Intensivierung der Emotionen in der Gruppe ebenfalls beobachtet und spricht im Zusammenhang damit von der Verstärkerwirkung der Gruppe: „Im Rahmen von therapeutischen und anderweitigen Gruppen zeigt sich, daß die Gefühle eines Beteiligten bei den anderen wieder Emotionen wachrufen." Unterdrückte Gefühle beim einzelnen und bei der Gesamtheit würden anschwellen, „bis sie durchbrechen und geäußert werden. Dadurch erlangen die Emotionen in einer Gruppe oft eine hohe Intensität."

Die Bedeutung, die *Freud* der Libido in bezug auf die Bindungen in einer Gruppe gibt, erklärt und begrenzt *Bion* in folgender Weise: Die Psychoanalyse ist unter dem Aspekt seiner Gruppenerfahrungen eine Arbeitsgruppe, die die Grundeinstellung der Paar-Bildungs-Gruppe stimuliert. Da die Paarbildungs-Gruppe nach *Bion* zentral immer mit Sexualität zu tun hat, hat die Sexualität in der Psychoanalyse eine zentrale Position und ist selbst als eine Form sexueller Aktivität häufig kritisiert worden, da die große (soziale) Gruppe annimmt, daß, wenn zwei Personen zusammenkommen, sie dieses immer zu sexuellen Zwecken tun. Aus diesen Gründen mußte *Freud* die Gefühlsbindungen in Gruppen als libidinös bezeichnen, was nach *Bion* jedoch nur für die Grundeinstellung der Paarbildung zutrifft. *Bion* sucht deshalb nach einer anderen Bezeichnung für Bindungen innerhalb der Gruppe, die für alle Grundeinstellungen zuträfe. Für die Bindungen innerhalb der Arbeitsgruppe hält *Bion* die Bezeichnung Ko-Operation für zutreffend.

In Abgrenzung gegen *Freud* sieht *Bion* im Führer der Gruppe nicht so sehr das Resultat einer Introjektion von seiten des Ichs; er sieht im Führer vielmehr eine Kreatur der Grundeinstellung so wie in allen anderen Mitgliedern auch. Er sieht den Führer nicht nur als das Ergebnis einer Identifikation mit ihm, die das Individuum durch Introjektion vollzieht, sondern auch als Ergebnis einer gleichzeitig erfolgenden projektiven Identifikation (*Melanie Klein* 1946).

Bion hat in seinem Gruppenkonzept mit den Begriffen der Arbeitsgruppe und der Grundeinstellungsgruppe gruppendynamische Phänomene neu gefaßt und damit ein nützliches Modell für die therapeutische Handhabung von Gruppenprozessen geschaffen. Mit den Grundeinstellungen (basic assumptions) hat *Bion* gruppenspezifische Abwehrformen beschrieben, die durch eine Homogenisierung des Erlebens und Verhaltens der Gruppenteilnehmer im Sinne gemeinsamer Regression charakterisiert sind und die dazu dienen, mit Angst und Schuldgefühl verbundene Affekte auszuschalten. Wahrscheinlich wird durch die von *Bion* empfohlene homogenisierende Technik, d. h. durch ein vorzugsweises Ansprechen der Gruppe als Ganzheit, eine solche Regression begünstigt.

Das von *Bion* entwickelte Modell bietet keine Möglichkeit, die individualspezifischen Strukturen und die ihnen inhärenten (endogenen) Motivationen zu erfassen ebensowenig wie jene exogenen Motivationen für das Verhalten der Gruppenteilnehmer, die aus den Erwartungsvorstellungen der Gruppe resultieren; durch solche Erwartungsvorstellungen werden an bestimmte Teilnehmer spezifische Funktionen delegiert.

Wenn *Bion* ebenso wie zuvor *Freud* individualpsychologische und gruppenpsychologische Phänomene gleichsetzt und die Differenz zwischen ihnen als illusionär bezeichnet, so ist ihm folgendes entgegenzuhalten:

Zur Gruppenpsychologie gehört in Abhebung von der Individualpsychologie ein exogenes Motivationssystem, das sich aus den Interaktionen und Kommunikationen innerhalb einer Gruppe, aus der Gruppen-Matrix *(Foulkes)*, ergibt und das abzugrenzen ist gegen die dem Individuum und seinen Strukturen inhärenten endogenen Motivationen mit den dazugehörigen unbewußten Objektbeziehungen und den entsprechenden Antizipationen des Verhaltens und der Reaktionen der anderen (Heigl-Evers u. Heigl 1971). Das exogene Motivationssystem wird in der Gruppe über das sogenannte feedback wirksam, d. h. durch die Information über die Wirkung des Verhaltens von A auf B und deren Rückwirkung auf A *(Heigl* 1970).

Ferner gehört zur Gruppenpsychologie der Erscheinungsraum des Öffentlichen, in dem Menschen nicht bloß vorhanden sind, sondern voreinander erscheinen. Und erst das Erscheinen vor den anderen und das Wahrgenommenwerden durch sie schafft Wirklichkeit. „Die Gegenwart anderer, die sehen, was wir sehen, und hören, was wir hören, versichert uns der Realität der Welt und unserer selbst" *(Arendt* 1960). Wenn auch der Mensch ein „Gruppenwesen" und seine individuelle Struktur ein Niederschlag seiner frühen Objektbeziehungen ist, so stellt er sich doch in der Singularität, insbesondere in der weitgehend singulären und privaten Situation der Einzelanalyse, die die Manifestation seiner endogenen Motivationen und der ihnen zugehörigen unbewußten Phantasien begünstigt —, anders dar als in der Pluralität einer Gruppe.

3. Das von Ezriel entwickelte Konzept der gemeinsamen Gruppenspannung (common group tension)

Ezriel (1950[1], 1950[2], 1956, 1960/61), ebenso wie *Bion* ein Mitglied der Tavistock-Klinik, grenzt seine Methode der Erfassung von Gruppenprozessen in verschiedener Hinsicht gegen die von *Bion* (1961) entwickelte ab. Er stimmt mit *Bion* überein in der strikten Befolgung des Prinzips der ‚Hier- und Jetzt'-Interpretation, ein Begriff der von *Rickman* (1945) eingeführt wurde. *Rickman* wollte damit die Psychoanalyse als eine ihrem Wesen nach ahistorische Methode kennzeichnen, die mit jenen Kräften befaßt ist, die sich zwischen Patient und Analytiker in der jeweiligen analytischen Sitzung darstellen. Nur die ‚Hier- und Jetzt'-Interpretation ist nach *Strachey* (1934) als „mutative Interpretation" zu bezeichnen, d. h. als eine solche, die imstande ist, bleibende Verhaltensänderungen beim Patienten zu bewirken.

Ezriel (1950[1]) basiert bei seiner Behandlung von Gruppen auf zwei theoretischen Annahmen:

1. auf dem Konzept der unbewußten Objektbeziehungen;
2. auf dem Konzept einer strikten Anwendung von Übertragungsinterpretationen; eine theoretische Forderung, die aufgrund der Untersuchungen von *Ferenczi* (1926) vor allem von *Melanie Klein* (1932, 1946, 1948) und *Strachey* (1934) vertreten und von *Bion* (1961) auf Gruppen bezogen wurde.

Die konsequente Anwendung von Übertragungsinterpretationen in der Gruppe beruht auf der Annahme, daß die zeitlich aufeinanderfolgenden, scheinbar unzusammenhängenden Äußerungen und Aktionen der Patienten in einem dynamischen Zusammenhang stehen. Sie entstammen nach dieser Annahme einem unbewußten Bedürfnis, das zu Spannungen führt, deren Minderung der Patient durch Schaffung einer bestimmt gearteten Beziehung zwischen sich und dem Analytiker sowie den anderen Gruppenmitgliedern unbewußt anstrebt. Diese unbewußten Bedürfnisse resultieren aus der Beziehung des betreffenden Individuums zu unbewußten Phantasie-Objekten als Residuen ungelöster infantiler Konflikte. Mit anderen Worten: Der manifeste Inhalt von Gruppengesprächen mag durch welches Thema auch immer bestimmt sein, stets unterliegt den manifesten Äußerungen ein gemeinsames Gruppenproblem, eine gemeinsame Gruppenspannung, derer sich die Gruppe nicht bewußt ist, die jedoch ihr Verhalten bestimmt. Es handelt sich in der Auffassung *Ezriels* bei dieser gemeinsamen Gruppenspannung quasi um den Hauptnenner der dominanten unbewußten Phantasien aller Gruppenmitglieder.

In einer Patientengruppe wird der Analytiker genau wie in der psychoanalytischen Zweierbeziehung durch sein Verhalten, das, abgesehen von Interpretationen, passiv und nicht-direktiv ist, bei den Patienten das Auftauchen von unbewußten Bedürfnissen und damit verbundenen Versuchen, entsprechende Beziehungen zum Analytiker herzustellen, begünstigen. Ebenso wird der einzelne Patient die von ihm in die Gruppensitzung mit eingebrachten, jeweils dominanten unbewußten Beziehungen zu Phantasie-Objekten (phantasy objects) in der Weise auszuagieren suchen, daß er die anderen Mitglieder der Gruppe in entsprechende Rollen und Positionen hineinmanipuliert. Das gelingt in dem Maße, in dem diese Positionen und Rollen den eigenen unbewußten Objekt-Beziehungen der anderen Gruppenmitglieder entsprechen. Solche andrängenden Bedürfnisse beziehungsweise die entsprechenden unbewußten Beziehungen zu Phantasie-Objekten können sich entweder in Symptomen darstellen oder in Form von Sublimierungen oder in Tätigkeiten, die mit denjenigen, die den bewußt erlebten Bedürfnissen dienen, quasi verquickt sind.

Der Ablauf der Gruppensitzung stellt sich unter dem genannten Aspekt zum Beispiel folgendermaßen dar: Ein Teilnehmer macht eine initiale Äußerung, die von niemandem aufgegriffen wird. Ein anderer Teilnehmer macht eine Bemerkung, die deswegen von einem zweiten und dritten aufgegriffen wird, weil sie in dessen dominante, unbewußte Phantasien quasi einklinkt. Auf diese Weise stellt sich allmählich das unbewußt-determinierte Thema der Gruppe heraus, das den Ablauf solange bestimmt, bis eine darauf gerichtete Interpretation des Therapeuten diese spezielle Phase für die Mitglieder erhellt und eventuell dadurch zum Abschluß bringt. Jeder Gruppenteilnehmer nimmt auf diese Weise an der gemeinsamen Gruppenspannung (common group tension) teil. Das Teilhaben des einzelnen stellt sich im Sinne einer bestimmten persönlichkeitsspezifischen Rolle dar, die durch die von dem Individuum in bezug auf die unbewußten Bedürfnisse entwickelten Abwehrmechanismen bestimmt ist.

Ezriel (1956) konzeptualisiert die Gruppensituation mit Hilfe der Begriffe der gewollten Beziehung (required relationship), der zu vermeidenden Beziehung (avoided relationship) und der Kalamität (calamity). Diese drei Arten der Objektbeziehungen stehen zueinander in einem dynamischen Verhältnis. Beispiel: *Ezriel* (1956) beschreibt die Situation einer therapeutischen Gruppe, in der die Patienten versuchen, den Therapeuten zu idealisieren (the required relationship), um sich auf diese Weise dagegen zu schützen, ihn anzugreifen (the avoided relationship), ein Verhalten, das sie deswegen fürchten, weil es bedeuten könnte, den Therapeuten zu schädigen, zu verletzen oder von ihm geschädigt, verletzt zu werden (the calamity).

Die Interpretationen des Therapeuten sind primär auf die gemeinsame Gruppenspannung gerichtet. Besondere Reaktionen des einzelnen Patienten werden nur in dem Maße in die Interpretation einbezogen, wie dadurch aufgezeigt werden kann, daß

a) das betreffende Verhalten die spezifische Form darstellt, in der dieses Individuum mit der gemeinsamen Gruppenspannung fertig wird; und daß

b) es bestimmte Gründe (Motive) sind, die zu diesem Verhalten veranlassen und dazu, es anderen Möglichkeiten, sich mit dem betreffenden Gruppenproblem auseinanderzusetzen, vorzuziehen.

Ezriels wesentliche Hypothesen lassen sich wie folgt zusammenfassen:

1. Das manifeste Verhalten jedes Gruppenmitglieds enthält Züge, die als der Versuch zu verstehen sind, eine aus der Beziehung des Betreffenden zu unbewußten Phantasie-Objekten herrührende unbewußte Spannung zu mindern, wobei diese unbewußten Phantasie-Objekt-Beziehungen ungelösten infantilen Konflikten entspringen.

2. Jede Person in der Gruppe versucht, die anderen in eine Rolle zu drängen, die den eigenen dominanten unbewußten Phantasien entspricht. Die dem anderen zugewiesene Rolle wird von diesem dann akzeptiert, wenn sie mit seiner gerade dominanten unbewußten Phantasie übereinstimmt. Sobald alle Teilnehmer solche Rollen übernommen haben, resultiert eine gemeinsame Gruppenspannung, die eine Art Hauptnenner für die genannten Rollen ist. Diese Rollen sind inhaltlich durch jene Abwehrmechanismen bestimmt, die der Betreffende gegenüber den unbewußten Bedürfnissen, um die es jeweils geht, entwickelt hat.

Ezriel hat mit der gemeinsamen Gruppenspannung (common group tension) die dem Verhalten der Gruppenmitglieder latent zugrunde liegende gemeinsame konflikthafte Thematik erfaßt und mit den Begriffen der gewollten (required relationship) und der zu vermeidenden Beziehung (avoided relationship) sowie mit dem Begriff der Kalamität (calamity) die Konfliktverarbeitung mit Hilfe der psychoanalytischen Theorie der Objektbeziehung konzeptualisiert. Er berücksichtigt in seinem theoretischen Konzept ebenso wie in der von ihm verwandten Technik sowohl die dem Erleben und Verhalten der Gruppenteilnehmer zugrunde liegende gemeinsame Thematik wie auch die individualspezifische Art des Teilhabens an dieser Thematik und erfaßt auf diese Weise auch die individuellen Abwehrmechanismen der Teilnehmer. Es fehlt seinem Modell meines Erachtens jedoch ein soziodynamisches Konzept für die Regelhaftigkeit der Rollenverteilung, mit anderen Worten für die Regelhaftigkeit in der Art des Teilhabens der Gruppenmitglieder an der gemeinsamen Gruppenspannung sowie der daraus resultierenden gegenseitigen Zuordnungen.

4. Das von Grinberg, Langer und Rodrigué entwickelte Konzept der „dynamischen Kollektiv-Konstellation“

Die argentinischen Autoren *Grinberg, Langer* und *Rodrigué* (1960) verstehen die Gruppe ebenso wie *Foulkes* als eine aus verschiedenen Elementen gebildete Einheit, die ein Ganzes von Gestaltcharakter darstellt und die somit übersummativ ist. Sie unterscheiden sich in dieser Hinsicht von *Bion* (1961), der den übersummativen Charakter der Gruppe ebenso bestreitet wie Unterschiede zwischen Individual- und Sozialpsychologie überhaupt.

Die Autoren basieren auf einer wissenschaftlichen Anschauung, die etwa auch die von dem Biologen *Woltereck* gegebene Definition des Organismus bestimmte als etwas, „das viel mehr ist als die Summe der es zusammensetzenden Teile“, und die die Auffassungen der modernen Physik prägte im Sinne der Erkenntnis, daß weder zwischen den Elementen noch zwischen Materie und Energie genau festlegbare Grenzen bestehen. Sie entsprechen damit implizit auch den Prinzipien der modernen Kommunikationslehre, wonach die Phänomene, die in den Wechselbeziehungen zwischen Organismen im weitesten Sinne des Wortes auftreten, sich grundsätzlich und wesentlich von den Eigenschaften der beteiligten Einzelorganismen unterscheiden *(Watzlawick* et al. 1969).

Die therapeutische Gruppe ist nach Auffassung dieser Autoren demnach eine Gestalt, eine vereinte Vielzahl; das durch die Gruppe bewirkte „Wir“ bedeutet nicht einfach eine Mehrzahl von Personen, in die ein „Ich“ eingeschlossen ist, sondern ist zu verstehen als eine vereinte Vielzahl, in der das „Ich“ und die anderen aufgehen, wie die Autoren in Anlehnung an *Koffka* (1968) formulieren. „Wenn einer spricht, so fühlt er sich selbst als Teil der Gruppe, und wenn er etwas tut, erlebt er sich als Vertreter des Wollens der Gruppe“ (*Grinberg* et al. 1960).

Nach Meinung der drei Autoren bilden die emotionalen Grundstrukturen der Gruppenteilnehmer, die, wenn sie sich zunächst auch individuell äußern, mit Bildung der Gruppe automatisch zu Kollektiverscheinungen werden, gemeinsam mit den „Grundeinstellungen“ bzw. Grundannahmen *(Bion* 1961) sowie den Rollen und Funktionen, durch die sie zur Darstellung gelangen, eine „dynamische Kollektiv-Konstellation“. Diese von den Autoren so genannte dynamische Kollektivkonstellation beruht in ihren wesentlichen und unbewußten

Vollzügen auf Prozessen projizierender und introjizierender Identifikation. Introjizierende Identifizierung bedeutet: Der einzelne nimmt Gefühle und Regungen anderer in sich auf und verstärkt damit die eigenen entsprechenden Gefühle. Projizierende Identifizierung bedeutet: Der einzelne projiziert die Objekte seiner unbewußten Phantasien auf andere und versucht, das spezifische Muster seiner konflikthaften zwischenmenschlichen Beziehungen auch im Rahmen der Gruppe wieder herzustellen.

Die Tendenz der emotionalen Grundstrukturen, unter der sie verdeckenden Schicht sozialer Normen zutagezutreten, sobald diese abgetragen worden ist, und ihr „Schicksal" zu wiederholen, ist nach den Beobachtungen der Autoren ebenfalls ein Charakteristikum der therapeutischen Gruppe. Diese Wiederholung vollzieht sich, im Sinne der Übertragung, in unmittelbarer Beziehung zu den anderen Teilnehmern der Gruppe und zum Therapeuten.

Die Autoren legen außerdem für die therapeutische Gruppe ein Rollenkonzept vor. Die Gruppe ist demnach charakterisiert durch die strenge wechselseitige Abhängigkeit der Rollen, die die Teilnehmer spielen. Es wird dabei Bezug genommen auf *Linton* (1936), nach dessen Auffassung das gemeinsame Wirken der Gruppe ein System darstellt, in dem jeder Teil oder jede Rolle in gewissem Sinne von den anderen abhängig ist und zugleich auf die anderen zurückwirkt und somit das ganze System wandelt. Für die therapeutische Gruppe ist es nach Meinung der Autoren kennzeichnend, daß der einzelne aus überwiegend unbewußter Motivation und ohne Einschaltung einer Willensentscheidung zur Übernahme von Rollen gelangt, und daß sie grundsätzlich unbewußt gespielt werden.

Die Autoren stützen sich mit ihrem Rollenkonzept auch auf *Ezriel* (1950[1]), nach dessen Auffassung die Teilnehmer einer therapeutischen Gruppe bei dem Versuch, die für sie spezifischen ersten Objektbeziehungen wiederherzustellen, die anderen zur Übernahme entsprechender Rollen drängen. Diese Rollen werden von den Betreffenden jedoch nur dann übernommen, wenn sie sich teilweise mit deren eigenen unbewußten Phantasien decken.

Die Autoren beschreiben außerdem *typische* Rollen, die im gewissen Grad von den spezifischen unbewußten Konflikten der Teilnehmer unabhängig seien und hauptsächlich vom Gestaltcharakter der Gruppe her bestimmt würden; es handele sich dabei um im voraus festgelegte Funktionen, die für die natürliche Entwicklung der Gruppe offenbar unbedingt notwendig seien. Als solche typischen Rollen werden die folgenden genannt: der Unterwürfige, der Skeptiker, der „Sündenbock“, das „Radargerät“, der Aggressive, der Optimist, usw.

Die Autoren beobachteten ein gewisses Beharren in der Besetzung der verschiedenen typischen Rollen; so sei z. B. ein zur Übernahme der Rolle des Sündenbocks neigender Gruppenteilnehmer aus Gründen seiner persönlichen Entwicklung von starken unbewußten Schuldgefühlen erfüllt, die ihn veranlaßten, so lange wie möglich in dieser Rolle zu verbleiben (s. dazu auch *J. Mom, A. Fontana, J. de Garcia Reinoso* 1954).

Im therapeutisch-technischen Vorgehen orientieren sich die Autoren strikt an den Prinzipien der Psychoanalyse: Der von ihnen aus der analytischen Technik entwickelte eigene Arbeitsstil stellt nach Meinung *Kempers*, der die Autoren in der ausgezeichneten Übersetzung *G. Krichhauffs* 1960 ins deutsche Schrifttum einführte, „die bisher ausgereifteste Form einer psychoanalytisch konzipierten und auch folgerichtig durchgeführten Gruppentherapie“ dar.

Das technische Vorgehen ist folgendermaßen charakterisiert: Es ist entscheidend bestimmt durch ein aktives analytisches Deuten, aktiver als es etwa von *Foulkes* geübt wird. Die Deutung ist ausgerichtet auf die Übertragung, wobei Übertragung als aktuelles Wiedererleben der Vergangenheit in der gegenwärtigen Gruppensituation verstanden wird. Aus dieser Auffassung der Übertragung folgt, daß im ‚hic et nunc‘ der jeweiligen Gruppensituation gedeutet wird. Die Deutung richtet sich auf die Gruppe als ein Ganzes, wobei die ihr gemeinsame Gefühlsatmosphäre mit allen ihr zugrunde liegenden Phantasien berücksichtigt wird. Die unbewußten Phantasien der Gruppe, die den Inhalt der Übertragungen bieten, werden vor allem mittels der eigenen Gegenübertragungsgefühle erfaßt. Eine Deutung wird dann gegeben, wenn der Therapeut mit Klarheit sein Erleben der jeweiligen Abläufe in der Gruppe formulieren kann. Die Bildung von Untergruppen wird gedeutet im Sinne ergänzender Teile des Gesamts der Gruppe oder als Anzeichen einer Tendenz zur Auflösung dieses Gesamts oder als Darstellung der unbewußten Phantasien der Gruppe. Die Deutungen berücksichtigen auch die Rollen, die die einzelnen Gruppenpatienten übernehmen; sie werden gedeutet als Ausdruck einer bestimmten Gruppensituation und eines bestimmten gemeinsamen Gefühls.

Die Autoren bezeichnen es als eines der wichtigsten Ziele ihrer Therapie, den Gruppenpatienten zu Einsichten zu verhelfen —, Einsicht als ein zugleich emotionales und kognitives Erfassen von Erlebnissen, die bis dahin unbewußt waren. Der Therapeut fungiert bei der Entwicklung und Vertiefung von Einsicht auf seiten des Patienten als Katalysator. Einsicht im genannten Sinne bedeutet jeweils eine Unterscheidung von „innen" und „außen", von Individuum und Welt. Auf dieser Konfrontation von Innen- und Außenwelt beruht die therapeutische Wirkung.

Das Konzept der „dynamischen Kollektivkonstellation" bedeutet eine Einbeziehung gruppendynamischer Konzepte in die Gruppentherapie, und es bedeutet, daß die Dynamik der Gruppenprozesse der Therapie nutzbar gemacht wird. Das von den Autoren damit verbundene Rollenkonzept ermöglicht es, in den Rollen als Ausdruck einer bestimmten Gruppensituation und eines bestimmten gemeinsamen Gefühls den individuellen Anteil des Patienten am Gruppengesamt zu erfassen. Dieses Rollenkonzept erscheint deswegen nicht ausreichend konsistent, weil die von den Autoren sogenannten typischen Gruppenrollen, die für das Funktionieren von Gruppen als solche erforderlich sind, und die durch die unbewußten Phantasien der Gruppenteilnehmer bestimmten und auf dem Wege der projizierenden und introjizierenden Identifizierung vermittelten und übernommenen Rollen in ihrer Verknüpfung nicht konzeptualisiert werden, d. h. die endogene Motivation einerseits und die exogene, durch die Gruppensituation bestimmte Motivation zur Rollenübernahme andererseits erscheinen theoretisch nicht zueinander in Beziehung gesetzt, erscheinen nicht regelhaft miteinander verknüpft.

Von überzeugender Konsistenz ist dagegen die von den Autoren entwickelte therapeutische Technik, die einerseits strikt an den Konzepten und Prinzipien der Psychoanalyse orientiert ist (am Prinzip der Deutung als einer auf Aufdeckung unbewußten Erlebens abzielenden Intervention, an der Handhabung von Übertragung und Gegenübertragung) und die andererseits die spezifischen Gruppenkräfte, die spezifische Gruppensituation dadurch einbezieht und ausschöpft, daß sie sich auf die Niederschläge der Übertragung in der jeweiligen Konstellation der Gruppe mit Untergruppenbildung und Rollenzuordnungen richtet. Diese Technik wird somit dem doppelten Aspekt individuellen Erlebens und Verhaltens gerecht, dem Aspekt einer individuellen Einheit auf der einen und dem kollektiven Aspekt auf der anderen Seite, wonach jedes Individuum zugleich Teil eines ihm übergeordneten Ganzen ist.

5. Das von Argelander in Entsprechung zur Ich-Struktur der Psychoanalyse entwickelte Strukturmodell der Gruppe

Auch *Argelander* (1963/64, 1968) geht, wie *Bion, Ezriel* und *Grinberg* et al., von der Vorstellung aus, daß der entscheidende dynamische Faktor im Gruppenprozeß ebenso wie in der psychoanalytischen Dyade an die aktuellen Beziehungen gebunden ist. Er definiert die Aufgabe des Psychoanalytikers entsprechend den Prinzipien der Psychoanalyse in der Weise, daß dieser alternierend und oszillierend in passagerer Identifikation mit dem Subjekt des Patienten einerseits und, noch wichtiger, mit dem Objekt des Patienten andererseits dem prozeßhaften Geschehen nachspüren müsse, „um aus ihm seine Aktivitäten situationsgerecht zu entfalten“ (1963/64). Der „nicht-bewußte psychische Vollzugszwang projektiver Art“, als den *Kemper* (1953/54) die Übertragung definiert, fordere die Anonymität des Analytikers und seine Abstinenz, auch in der Gruppe.

Argelander (1963/64) hat aus seiner therapeutischen Arbeit mit Gruppen die folgenden beiden Arbeitshypothesen entwickelt, deren wissenschaftliche Verifikation freilich zunächst noch ein Zukunftsziel sei:

1. Gesprächsinhalte und Verhaltensweisen der Gruppenteilnehmer werden von einer unbewußten gemeinsamen Phantasie gelenkt.
2. Im Rahmen dieses Prozesses entsteht aus mehreren Individuen eine umrissene Gestalt — die Gruppe (1963/64).

Er belegt diese Hypothesen mit klinischen Beispielen, die folgendes deutlich machen: Im Sinne der ersten Hypothese wird eine Übereinstimmung der Fakten zwischen den in den Assoziationen der Patienten auftretenden Geschehnissen und den realen Gegebenheiten der Gruppensituation deutlich, die besonders frappierend ist hinsichtlich der in den Berichten der Patienten und in der Gruppensituation auftretenden Zahlen. So berichtete ein Gruppenpatient von einem Erlebnis, in dem ein degenerierter Weißer auf fünf schwerarbeitende Schwarze aufpaßte; in der Gruppe gab es fünf Patienten und einen

Analytiker. — Ferner zeigen diese Beispiele eine Übereinstimmung der dynamischen Abläufe bei den einzelnen Gruppenteilnehmern, wie sie für den therapeutischen Beobachter um so deutlicher in Erscheinung tritt, je mehr er seine Aufmerksamkeit von dem einzelnen Teilnehmer abzieht und sich dem Gesamtgeschehen in der Gruppe zuwendet; denn um so mehr geht er „mit der Gruppe wie mit einem einheitlichen Wesen um". Eine Vielpersonen-Situation wird so, unabsichtlich, wie *Argelander* sagt, in eine bipersonale umgewandelt. Eine komplizierte Situation wird auf diese Weise vereinfacht, so daß nunmehr von einem Gruppen-Ich und Gruppen-Über-Ich gesprochen werden kann, sowie von den Bedürfnissen und Ängsten, vom Abwehrverhalten, o. ä. *der Gruppe* (1963/64).

Argelander gründet die Berechtigung zu einem solchen Vorgehen einmal auf experimentelle Erfahrungen, die die Existenz des Phänomens „Gruppe", eines „Wir-Gefühls" der Gruppe, belegen, Erfahrungen, wie sie zum Beispiel von *Sheriff* (1953[1], 1953[2], 1956) aus Sommerlagern mit psychisch normalen Jungen berichtet werden. Er beruft sich ferner auf *Bion,* im besonderen auf dessen Begriff der „Valenz" als der Fähigkeit zu unmittelbarer und unwillkürlicher Koppelung eines Individuums mit einem anderen in einer gemeinsamen Verhaltensweise und auf die von *Bion* beschriebenen drei Homogenisierungsphasen (basic assumptions), in denen die unbewußten Erlebniswelten von Individuen einer Gruppe in einer gemeinsamen unbewußten Phantasie gleichgeschaltet werden (1963/64).

Das Gruppenverhalten in den Grundeinstellungs-Kulturen ist nach *Argelander* ein Abwehrverhalten mit Hilfe verschiedener Abwehrmechanismen, wie Idealisierung, Projektion, Identifikation und Regression, wobei das regressive Moment, das dem Gruppenverhalten unreife Züge verleiht, das eindrucksvollste ist (1963/64). *Turquet* (1963) betrachtet die Grundeinstellungen als ein Zwischenstadium eines Entwicklungsprozesses aus einer „Matrix" zur Individualität. Entsprechend ist die regressive Richtung zur „Matrix" mit der Angst vor Identitätsverlust verbunden.

Argelander stellt die Hypothese auf, daß eine Gruppe im Grunde genommen in ihrem Verband dem psychoanalytischen Begriff des Ich entspreche. „Der Integrationsbegriff einer Gruppe würde dann mit einer Ich-Integration im Individuum übereinstimmen. Der entscheidende Faktor wäre dabei ein Integrationsproblem mit dynamischen, ökonomischen und strukturellen Gesichtspunkten" (1963/64).

Argelander (1968) grenzt die von ihm beschriebene Gruppenanalyse scharf ab gegen die Gruppenpsychotherapie. Bei der Gruppenpsychotherapie arbeitet der Therapeut mit Hilfe eines Interaktionsmodells, wonach sich die Teilnehmer in einem gruppendynamischen Feld gruppieren. In der Gruppenanalyse dagegen arbeitet der Therapeut mit einem langfristigen unbewußten Gruppenprozeß, dessen Manifestationen von der Struktur der Gruppe abhängig sind, die sich im Laufe der Behandlung ausbildet. Diese Gruppenstruktur bildet sich nach der Vermutung *Argelanders* aus einer Integration der verschiedenen Strukturen der einzelnen Gruppenmitglieder. In Abhängigkeit von der Gruppenstruktur bildet sich eine Gruppenkultur heraus, die von *Stock-Whitaker* und *Lieberman* (1965) als die für das Leben dieser bestimmten Gruppe angemessenen Verhaltensweisen und Denkformen definiert werden. *Argelander* (1968) definiert Kultur als „die Selbstverwirklichung der Gruppe mit der Verantwortung für alles, was sich im Bereich ihrer Freiheit und Macht befindet". Die Gruppenanalyse ist nach *Argelander* eine langfristige Behandlungsform, die aber die Dimension von Übertragungs- und Widerstandsphänomenen im Rahmen eines unbewußten Prozesses ermöglicht, wie er dem Psychoanalytiker geläufig ist.

Argelander konzeptualisiert die Gruppe mit Hilfe des psychoanalytischen Modells der Ich-Struktur und gelangt auf diese Weise zu einer stringenten Theorie. Eine multipersonale Beziehung wird von ihm per operationem in eine bipersonale umgewandelt. Die Gruppe wird von ihm auf diese Weise homogenisiert; er behandelt sie als eine Entität, als gleichsam *einen* Patienten, als Gruppen-Ich mit Gruppen-Über-Ich, mit Es und Selbst.

Er geht davon aus, daß Theorie und Technik des therapeutischen Umgangs mit Patienten in einer Gruppe durch Wahrnehmungseinstellungen bestimmt werden, die ein Therapeut der Gruppe gegenüber bezieht. Wenn die Wahrnehmungsrichtung auf die individuelle Bewegung gerichtet werde, auf ein „Für", „Mit" oder „Gegen" des einzelnen Gruppenteilnehmers zu einem anderen, dann werde ein gruppendynamisches Interaktionsmodell errichtet; daraus resultiere eine Behandlung des einzelnen Gruppenmitglieds unter Anwendung der Gruppendynamik. Wenn man dagegen mit der spezifisch für die Erfassung unbewußter Prozesse ausgebildeten Wahrnehmungsfunktion der Psychoanalyse an die Gruppe herantrete, so forme sich das Modell einer Gruppenstruktur, die entsprechend den Ich-Strukturen der Psychoanalyse, mit den Attributen hysterisch, zwanghaft, psychopathisch usw. gekennzeichnet sei.

Solche Einstellungen streng selektiver Wahrnehmung und die daraus abgeleiteten Techniken beeinflussen den therapeutischen Prozeß in spezifischer Weise und geben ihm jeweils eine bestimmte Richtung.

Die aus der Betrachtung *Argelanders* resultierenden Alternativen: Gruppenanalyse — Gruppenpsychotherapie bedeuten meines Erachtens eine Einengung theoretisch-technischer Möglichkeiten. Die Möglichkeit einer breiteren Wahrnehmungseinstellung unter Einbeziehung psychoanalytischer und gruppendynamischer Aspekte in *ein* Modell wird vernachlässigt. Die Gleichsetzung von Gruppenstruktur und Ich-Struktur legt die Vermutung nahe, daß eine Übertreue gegenüber der psychoanalytischen Theorie die Einbeziehung sozialpsychologischer Aspekte nicht-analytischer Provenienz verbietet.

6. Das Gruppenfokalkonflikt-Modell von Dorothy Stock-Whitaker und Lieberman (1965)

Diese Autoren versuchen, eine konsistente Theorie der therapeutischen Gruppe zu entwickeln, wobei sie sich um die Integration von psychoanalytischen und gruppendynamischen Konzepten bemühen. Es handelt sich dabei um

1. das von *French* (1952) für die Einzelanalyse entwickelte Modell des Fokalkonfliktes;
2. die von *Lewin* (1947) und *Bales* (1953) für die Gruppe entwickelten Gleichgewichtsmodelle.

Das Ergebnis dieser Integration ist das Modell eines „Gruppenspezifischen Fokalkonfliktes" (group focal conflict).

1. Das Modell des Fokalkonfliktes (*French* 1952). Das aktuelle Verhalten des Individuums wird als Ausdruck individueller Lösungen von habituellen persönlichkeitsspezifischen Konflikten verstanden, die sich unter aktuellen Bedingungen immer wieder darstellen. Diese Fokalkonflikte wurzeln in Nuklearkonflikten, die sich im frühen Leben des Individuums entwickelt haben. Gefühle, die den basalen Nuklearkonflikten entstammen, werden in einem aktuellen interpersonellen Rahmen erlebt und werden unter der Einwirkung der spezifischen Faktoren der aktuellen Situation spezifisch geprägt. Entsprechend werden habituell gewordene individuelle Lösungen, die ursprünglich zur Bewältigung der Nuklearkonflikte entwickelt wurden, unter dem Einfluß der aktuellen Situation modifiziert und spezifisch ausgeformt.

Unter diesem theoretischen Aspekt kann das Individuum mit Hilfe der folgenden Begriffe erfaßt werden:

einer begrenzten Zahl von aufeinander bezogenen Nuklearkonflikten;

den Lösungen, die zur Auseinandersetzung mit diesen Konflikten und zu deren Bewältigung entwickelt wurden;

den unter der Einwirkung der aktuellen interaktionellen Bedingungen entstehenden und entsprechend modifizierten Ausdrucksformen sowohl des Konfliktes wie auch der dafür entwickelten habituellen Lösung.

2. *Gleichgewichtsmodelle der Gruppe.* a) Gleichgewichtsmodell von *Lewin* (1947). Die Gruppe wird von *Lewin* als ein System betrachtet, das sich im Zustand eines quasi-stationären Gleichgewichts befindet. Die das Gruppengleichgewicht bestimmenden Kräfte werden in diesem Modell als treibende und als zurückhaltende Kräfte (driving and restraining forces) beschrieben. Die treibenden Kräfte drängen die Gruppe in eine bestimmte Richtung; die zurückhaltenden Kräfte üben einen entsprechenden Gegendruck aus. Das quasi-stationäre Gleichgewicht repräsentiert den daraus resultierenden Zustand der Gruppe, die Ebene, auf der die treibenden und zurückhaltenden Kräfte sich im Gleichgewicht befinden; es ist das passive Produkt der opponierenden Kräfte. Eine Veränderung einer der beiden Kräfte, der treibenden oder der zurückhaltenden, verändert den Charakter des Gleichgewichts; die Bewegung der Gruppe insgesamt kann als sukzessive Veränderung in ihrem Gleichgewicht verstanden werden.

b) Gleichgewichtsmodell von *Bales* (1953). *Bales* hat aus Beobachtungen an Problem-Lösungs-Gruppen (problem solving groups) folgendes Gleichgewichtsmodell entwickelt: Die Bewegung solcher Gruppen vollzieht sich im Sinne von Aktion und Reaktion, von Störung und Wiederherstellung eines Gleichgewichts. Die Gruppe bewegt sich in wiederholten Serien von Zyklen. Jeder dieser Zyklen ist folgendermaßen gekennzeichnet: Einer initialen Störung des Systems, bewirkt durch die Einführung einer neuen Idee, Meinung oder Anregung in die Gruppe, folgt eine allmähliche Serie von feedbacks und Korrekturen. Auf diese Weise wird, durch andere Teile oder Mitglieder des Systems, die initiale Störung begrenzt, ausgeglichen oder assimiliert. Die mit einer bestimmten Aufgabe konfrontierte Gruppe bemüht sich konsequent um Orientierung, Bewertung und Kontrolle. Für *Bales* stellt jene Periode eine logische Einheit der Gruppe dar, in der sich diese mit einem speziellen Problem und dessen Lösung befaßt. Die Auseinandersetzung mit dem Problem fällt im allgemeinen zusammen mit jener Periode, in der das Gleichgewicht der Gruppe gestört und wiederhergestellt wird.

Im folgenden sollen die zentralen Bestimmungen des von *Stock-Whitaker* und *Lieberman* (1965) entwickelten Modells des gruppenspezifischen Fokalkonflikts kurz dargestellt werden.

Sukzessive individuelle Verhaltensweisen sind assoziativ miteinander verknüpft und beziehen sich auf eine zugrunde liegende gemeinsame Sorge oder Beunruhigung (concern), die aus der ‚Hier- und Jetzt'-Situation resultiert. Die Aufeinanderfolge von Verhaltensweisen, die in einer Gruppe stattfindet, kann begrifflich als Ausdruck eines gemeinsamen verborgenen Konflikts (Fokalkonflikts der Gruppe) gefaßt werden; dieser Konflikt wird durch einen Impuls oder Wunsch (disturbing motive i. e. beunruhigendes störendes Motiv) und durch eine dagegen gerichtete Furcht (reactive motive i. e. reaktives Motiv) konstituiert. Beide Aspekte des gruppenspezifischen Fokalkonfliktes beziehen sich auf das jeweils gegenwärtige ‚setting'.

Wenn die Patienten mit einem gruppenspezifischen Fokalkonflikt konfrontiert sind, bemühen sie sich um eine Lösung, die die reaktiven Befürchtungen reduziert und zur gleichen Zeit das beunruhigende Motiv zu einem höchstmöglichen Grad befriedigt (group solution).

Erfolgreiche Lösungen haben zwei Eigenschaften:

1. Sie werden von allen geteilt; das Verhalten aller Mitglieder ist an die Lösung gebunden.
2. Sie reduzieren reaktive Ängste.

Lösungen können restriktiv oder befähigend (enabling) sein, d. h. zur Befriedigung des beunruhigenden Motivs befähigen. Eine restriktive Lösung ist primär auf die Minderung der Ängste ausgerichtet, auf Kosten der Befriedigung und Manifestierung des beunruhigenden Motivs. Eine ‚befähigende' Lösung ist auch auf Angstminderung ausgerichtet; zur gleichen Zeit erlaubt sie jedoch ein gewisses Maß an Befriedigung oder Manifestierung des beunruhigenden Motivs.

Der gruppenspezifische Fokalkonflikt ist eine Einheit des Gruppenprozesses. Er umfaßt die Periode, während der ein einzelnes beunruhigendes und ein entsprechendes reaktives Motiv die Gruppensituation beherrschen. Eine solche Einheit kommt durch eine erfolgreiche Lösung zum Abschluß. Während einer Fokalkonflikt-Einheit bewegt sich die Gruppe in Richtung auf das von allen geteilte verborgene Ziel, die Milderung oder Beseitigung der Angst durch Herstellung einer erfolgreichen Lösung des vorherrschenden gruppenspezifischen Fokalkonfliktes.

Die Gruppensituation kann in jedem gegebenen Augenblick in Form eines Gleichgewichts beschrieben werden, in dem das beunruhigende und das reaktive Motiv sowie die Lösung in einer dynamischen Beziehung zueinander stehen. Bewegung in der Gruppe entsteht aus sukzessiven Veränderungen in diesem Gleichgewicht. Bewegung in der Gruppe kommt zustande als eine Funktion der individuellen Unterschiede in der Position, die jedes Mitglied in bezug auf die unmittelbare Beziehung zwischen dem beunruhigenden Motiv, dem reaktiven Motiv und der Lösung einnimmt. Das unmittelbar vorhandene Gleichgewicht konstituiert eine Stimulus-Situation, die ein bestimmtes Verhalten bei einem der Gruppenmitglieder hervorruft. Dieses Verhalten verändert das Gleichgewicht der Kräfte im gruppenspezifischen Fokalkonflikt. Als Resultat liefert die Gruppensituation einen neuen Stimulus, der auf das Verhalten der Gruppenmitglieder einwirkt.

Eine Serie von Fokalkonflikten, die durch ähnliche beunruhigende Motive verbunden sind, konstituieren ein Gruppenthema. Innerhalb der Entwicklung eines einzelnen Themas erfolgt zunächst eine Bewegung hin zu direkter Äußerung des beunruhigenden und des reaktiven Motivs und sodann eine entgegengerichtete Tendenz fort von direkter Äußerung. Diese Bewegungen innerhalb der Entwicklung eines Themas werden durch den Charakter der sukzessiven Lösungen bestimmt.

Bewegung in Richtung auf direkte Äußerung der konfliktkonstituierenden Motive resultiert aus dem Erreichen erfolgreicher Lösungen, die vorwiegend eine Befriedigung des beunruhigenden Motivs bedeuten. Bewegung fort von direkter Äußerung der Motive resultiert aus dem Erreichen solcher erfolgreicher Lösungen, die reaktive Ängste mindern, wobei eine partielle indirekte Äußerung des beunruhigenden Motivs noch zugelassen wird.

Die Art des Gleichgewichts der Gruppenkräfte am Ende einer Gruppensitzung beeinflußt stark die Geschehnisse der nächsten Sitzung: — Wenn das Gleichgewicht am Ende einer Sitzung durch Betonung des beunruhigenden Motivs gekennzeichnet ist, dann ist zu erwarten, daß die Patienten während des Intervalls bis zur nächsten Sitzung Widerstände gegen das beunruhigende Motiv mobilisieren. Der Beginn der nächsten Sitzung wird durch die Etablierung von stärker restriktiven Lösungen und/oder größerer Betonung von reaktiven Ängsten gekennzeichnet sein. Wenn das Gleichgewicht am Ende der Sitzung durch die Betonung des reaktiven Motivs gekennzeichnet ist, dann ist damit zu rechnen, daß die Patienten im Intervall Widerstände gegen ihre Ängste mobilisieren. Die nächste Sitzung wird durch Reduzierung der Angst und die Entwicklung von entsprechenden Lösungen gekennzeichnet sein.

Bewegung von einem Thema zu einem anderen erfolgt dann, wenn

a) eine befähigende Lösung entwickelt wurde, die ein neues beunruhigendes Motiv zur Darstellung kommen läßt, oder wenn

b) eine restriktive Lösung entwickelt wird, die die Befriedigung oder Äußerung des vorherrschenden beunruhigenden Motivs verhindert.

Erfolgreiche, von der Gruppe ermittelte Lösungen für gruppenspezifische Fokalkonflikte konstituieren die *Kultur* der Therapiegruppe. Die Elemente der Gruppenkultur bestimmen den Charakter der Beziehungen unter den Patienten und zwischen Patienten und Therapeuten; sie bestimmen die Grenzen für die Äußerung von Affekten und die zulässigen Inhalte und Formen der Interaktionen.

Ein Wechsel in bezug auf eine Gruppenlösung kann nur dann eintreten, wenn eine Modifikation in dem gruppenspezifischen Fokalkonflikt auftritt, mit dem die Lösung ursprünglich verbunden war. Diese Modifikation besteht in der Reduktion der reaktiven Ängste, die die ursprüngliche Lösung für die Gruppe nun als ein Mittel zur Angstbindung weniger notwendig sein läßt und so eine Veränderung gestattet. Die Entwicklung der Therapiegruppe von ihrem Beginn bis zum Ende wird durch die Wiederkehr der grundlegenden Themen bei fortschreitend expandierenden gruppenkulturellen Bedingungen charakterisiert.

Der initiale Fokalkonflikt der Gruppe ist ein Produkt von drei Faktoren: den von den Patienten an die Gruppe gerichteten Erwartungen, der Struktur der Gruppe und der Zusammensetzung der

Gruppe. Die Entwicklung einer Therapiegruppe beginnt mit der formativen Phase, in der sich Themen herausschälen und zum erstenmal behandelt werden. Diese Phase ist durch die rasche Etablierung einer Gruppenkultur gekennzeichnet, die durch restriktive Lösungen beherrscht wird. Das Ende der formativen Phase wird durch ein von allen geteiltes Gefühl der Bindung oder Verpflichtung an die Gruppe charakterisiert und durch ein subjektives Gefühl der Erleichterung, das mit dem Erreichen erfolgreicher Lösungen gegenüber den initialen gruppenspezifischen Fokalkonflikten verbunden ist. Die Entwicklung einer Therapiegruppe schließt eine ausgedehnte Phase des Etablierens (established phase) ein, in der Themen wiederkehren und mehrfach behandelt werden. Diese Phase wird durch ständige Modifizierung der Gruppenkultur gekennzeichnet. Während der Etablierungsphase schließt die Gruppenkultur sowohl restriktive als auch befreiende Lösungen ein, wobei die letzteren vorherrschen.

Stock-Whitaker und *Lieberman* ist mit dem Modell des Gruppenfokalkonfliktes die Integration von gruppendynamischen und psychoanalytischen Prinzipien und die Bildung einer konsistenten Theorie weitgehend gelungen. Dieses Modell erfaßt sowohl die ständige Fluktuation des Gruppenprozesses, die dem fluktuierenden Geschehen zugrunde liegende Regelhaftigkeit, die intensiven Affekte, die den Gruppenprozeß kennzeichnen, die Fähigkeit der Gruppe zur Problemlösung, den Interaktionsprozeß, die Möglichkeit der emotionalen Neuerfahrung und die Rolle des Therapeuten. Die Schwäche dieses Konzepts liegt meines Erachtens darin, daß es kein Interaktionsmodell für die Erfassung der habituellen Interaktionsstile der Gruppenteilnehmer und der darin verarbeiteten unbewußten Abwehrmechanismen enthält.

7. Das Modell der soziodynamischen Rangstruktur der Gruppe von R. Schindler

R. Schindler definiert die Gruppe als ein primär psychologisches Phänomen. Sie entsteht, wenn sich einzelne (mehr als zwei) Menschen aus einer unverbundenen Menge in einer Aktion mit einem gemeinsamen Ziel zusammenschließen (*R. Schindler* 1957/58[1]). Anlaß und Ziel der Gruppenbildung ist ein Gegner. Im Spannungsfeld zwischen dem

Gegner und der gemeinsamen Gruppenintention sieht *Schindler* ein Prinzip, das die Gruppe anregt und existent erhält (1960/61).

Gegner ist das außerhalb der Gruppe Seiende, als dessen Repräsentant das jeweils aktuell und in der gedanklichen Beschäftigung Begegnende erscheint. „Gegner sind theoretisch gesehen alle anderen Gruppierungen, praktisch jedoch nur diejenigen, mit denen man sich „begegnet", in welchem Wort ja der Begriff des Gegners enthalten ist. Wir sprechen abkürzend von der G-Funktion und meinen damit die triebhafte libidinöse Bindung, die einem Objekt außerhalb der Gruppe zukommt *(R. Schindler* 1968).

Eine Gruppe bildet sich über eine stufenweise Personalisation, ausgehend von der unstrukturierten Menge über eine prägruppale Phase mit nach außen abgegrenzter Wir-Beziehung bei fehlender innerer Struktur (1964). Erst in der Gruppe kommt es zur Ausbildung einer dynamischen Rangstruktur, deren allgemeine affektive Gesetzmäßigkeit *Schindler* anhand seiner soziodynamischen Grundformel beschreibt (1957/58[1]). Aus der Gruppe kann (sekundär) ein soziologisches Phänomen hervorgehen, wenn die innere Dynamik erlischt und an ihrer Stelle sich eine Gesellschaft mit stabilen Konventionen und hierarchischer Ordnung (bewußte Fixierung von Rollen durch Rangabzeichen und Titel) entwickelt. Die Gründe für eine Institutionalisierungstendenz sind das Sicherheitsstreben beziehungsweise der Widerstand gegen die Unsicherheit dynamischer Verhältnisse.

Das Phänomen Gruppe entspricht der dritten Reifungsphase im kollektiven Personalisationsgeschehen und kann nach zwei Richtungen hin verlorengehen:

1. rückläufig (regressiv) durch Entstrukturierung und
2. vorläufig (progressiv) durch Entdynamisierung beziehungsweise Erstarrung im Prozeß der Institutionalisierung (1964).

Nach *R. Schindler* ist die Eigendynamik der Gruppe nicht auf ein Kräftespiel zwischen Führer und Gruppe beschränkt. Sie basiert aber auch nicht auf einem kontinuierlich-hierarchischen Ranggefälle vom ersten bis zum letzten, etwa entsprechend der von *Schjelderup* (1924, 1931) beobachteten Alpha-Omega-Reihe (Hackordnung im Hühnerhof). Die Gruppe prägt vielmehr aufgrund ihrer inneren Dynamik gewisse Rollen aus, die ein rangartiges Gefüge und eine Art Kreislauf der Affektivität ergeben.

Es handelt sich dabei um vier Positionen, die von *R. Schindler* (1957/58[1]) mit Alpha, Beta, Gamma und Omega bezeichnet und die von ihm sowohl hinsichtlich der Quantität wie auch der Qualität der ihnen zukommenden affektiven Beziehungen definiert werden, wie auch entsprechend ihrer dynamischen Bedeutung, die sich aus spezifischen affektiven Abläufen innerhalb der Gruppe ergibt. Das affektive Zusammenspiel der vier Positionen stellt sich nach *Schindler* in der sogenannten „soziodynamischen Grundformel" dar, die folgendes beinhaltet:

„Jede Gruppe bildet sich gegenüber einem Gegner." Der Gegner ist Anlaß der Gruppenbildung, seine Bekämpfung ist Ziel der Gruppenaktion. Der Gegner besitzt nach *Schindler* soviel autoritäres Gewicht, daß er der gemeinsamen Gruppenintention entgegenzustehen vermag, sie dadurch anregt und existent erhält. Gegenüber dem Gegner „steht Alpha, der Repräsentant der Gruppeninitiative, mit dessen Unbewußtem sich das Gros der Gruppe, die Gamma-Individuen identifizieren, so daß die Gruppe ohne bewußte Lenkung nach seinem Willen reagiert". Bei physischer Abwesenheit des Gegners wendet sich Alpha aggressiv-aufrüttelnd an die Gruppe; aber niemand verübelt es ihm; denn Alpha repräsentiert nicht nur das Identitätsgefühl, sondern auch das Imponiergehabe der Gruppe, „und jeder Gamma träumt, in gleicher Weise mit dem Gegner verfahren zu können. Er imponiert daher auch in analoger Weise gegen den Schwächsten der Gruppe, Omega." — „Omega sucht Schutz in der Identifikation mit dem Gegner der Gruppe, der allein ihr zu widerstehen vermöchte, macht sich aber gerade dadurch zum Repräsentanten des Gegners und gibt der Gruppe durch seine Niederlage die Genugtuung, die sie braucht und sucht. Abseits von diesem Kreislauf der Affekte stehen nur einzelne Spezialisten, die Betas, die ihre gute Position durch Leistung zu rechtfertigen haben." Sie sind in der Gruppe durch ihre Leistung wie auch durch ihr Verhältnis zum Alpha legitimiert. „Je mehr eigene Beziehung zu den Gammas sie haben, desto mehr werden sie zu einer Konkurrenz für Alpha und bilden eine Art latenter Gegengruppe."

R. Schindler (1960/61) benutzt die soziodynamische Grundformel auch zu einem Versuch, den Einfluß der Gruppenposition auf das Ich zu bestimmen. Er vermutet eine Beziehung zwischen Alpha-Position und Ich-Stärkung, Beta-Position und Reaktionsbildungen, Gamma-Position und Ich-Schonung, letztere infolge der angstmindernden Wirkung der Anonymität und Über-Ich-Gestaltung (durch Identifikation mit Alpha). Die Omega-Position führt zur Ich-Schwächung und erhöht die Angstspannung. Für Omega besteht die Gefahr eines circulus vitiosus, da in diese Stellung meist ängstliche, Ich-schwache Personen geraten mit der Folge weiterer Ich-Schwächung. *Schindler* betrachtet das Hinausmanipulieren aus der Omega-Position als eine wichtige therapeutische Maßnahme. Er weist auf die technische Möglichkeit hin, die Interessen der Gruppe so zu lenken, daß der Omega eine Beta-Stellung erreichen kann (1957/58[1]). Die Gegner-Position mobilisiert aggressive und abwehrende Funktionen des Ich. Voraussetzung für die Einnahme der Gegner-Position sind gelungene Reaktionsbildungen mit verläßlicher Angst-Bindung.

Für die gruppentherapeutische Technik ergeben sich nach *Schindler* (1960/61) ebenfalls Modifikationen in Abhängigkeit von der Position der Patienten und auch des Therapeuten. Eine direkte Interpretation von Alpha (Alpha-Analyse) gefährdet dessen Prestige und damit zugleich die Gruppe, besonders dann, wenn die Position des Alpha weniger gefestigt ist. Eine Beta-Analyse übt auf die Gruppe eine mehr aufsplitternde Wirkung aus, gefährdet wegen des Fehlens einer gruppenweiten Auswirkung aber nicht den Bestand der Gruppe wie im Falle der Analyse des Alpha. In der Analyse des Gammas (Gamma-Analyse), der sich gemäß den unbewußten Projektionen von Alpha verhält, vollzieht sich ein wesentlicher Teil der Deutungsarbeit. Indirekt ist sie eine Alpha-Analyse, ohne dessen Position zu gefährden. Eine Deutung bei Omega (Omega-Analyse) stellt diesen betont der Gruppe gegenüber und erhebt ihn damit zum Gegner. Es handelt sich nach *Schindler* fast ausschließlich um einen soziodynamischen Akt, von dem er als Therapeut zum Beispiel zu Beginn der Gruppentherapie als Eröffnungszug gern Gebrauch macht, um sich selbst von der anfänglichen Gegner-Position zu befreien und die Gruppe zu dynamisieren. Eine Gegner-Analyse wird von der Gruppe immer offensiv erlebt, stärkt ihre innere Kohäsion und beeinflußt die Gruppen-Moral.

Befindet sich der Therapeut in Alpha-Position, so stellt sich die Gruppe gemäß seinem Unbewußten dar, und er vermag in dieser Position nur sich selbst zu analysieren. Er hat in dieser Funktion die Möglichkeit, erzieherisch zu wirken (Identifikation der Gammas mit Alpha) und auf die Über-Ich-Gestaltung einzuwirken. Die Beta-Position ist nach *Schindler* für den Gruppentherapeuten besonders günstig zu handhaben. Über das Prinzip der latenten Gegengruppe besteht eine Möglichkeit, Alpha zu analysieren. Bei autoritärem Auftreten gerät der Therapeut in die Position des Gegners mit den oben beschriebenen Auswirkungen auf die Gruppe (Straffung, erhöhte Binnenstabilität). Aus dieser Position ist Omega zu erreichen, weil Omega dem Gegner, sich mit ihm identifizierend, zustimmt.

Der Gruppentherapeut hat nach *Schindler* die Aufgabe, nicht nur die verflochtenen Beziehungen von Übertragung und Gegenübertragung aufzuarbeiten, sondern dies auch unter Beachtung der soziodynamischen Situation seiner Gruppe zu tun. Die Deutungsarbeit wird weniger auf den Inhalt des Gesagten als auf die Deutung der Positionen zentriert.

R. Schindlers Konzept der soziodynamischen Rangstruktur (soziodynamische Grundformel) der Gruppe ist speziell auf die Erfassung des Interaktionsstils der Gruppenteilnehmer ausgerichtet; es bietet ein Interaktionsschema an, das geeignet ist, den Gruppenprozeß diagnostisch zu erfassen und therapeutisch zu beeinflussen. Eine gewisse Schwäche liegt meines Erachtens darin, daß die dem Gruppengeschehen jeweils zugrunde liegende gemeinsame Thematik im Modell nicht ausreichend explizit gemacht wird und daß die Fluktuation des Geschehens nicht konzeptualisiert wird. Außerdem ist das Interaktionsschema der soziodynamischen Grundformel so entworfen, daß es eigentlich nur hierarchische Strukturen erfaßt, die in der Genese der Neurose zweifellos eine hervorragende Rolle spielen. Doch gibt es Phasen des Gruppenprozesses, in denen der hierarchische Aspekt mehr oder weniger zurücktritt oder, besonders im progredienten therapeutischen Vollzug, ganz verschwindet. Daneben zeigt das *Schindler*sche Interaktionsschema vielleicht einen gewissen Mangel an Differenzierung der Positionen und ihrer Funktionen als Rollenträger, obwohl Ansätze zu solcher Aufgliederung vorhanden sind.

8. Die Konzeption der aktionszentrierten Gruppe mit soziodynamischer Funktionsverteilung (A. Heigl-Evers)

Therapeutische Technik, Theorie und empirische Erfahrung bedingen einander. Ich möchte die Konzeption skizzieren, der sich die von mir sowohl in klinischer Kurzzeit- wie auch in ambulanter Langzeit-Gruppentherapie angewandten Behandlungsprinzipien zuordnen. Als die *integrierenden Elemente* der Gruppe erörtere ich zunächst a) *die Aktion* und b) *die soziodynamische Funktionsverteilung.*

Zu a) *die Aktion*: Ich habe, anknüpfend an die Theorie der sozialen Gruppe von *Homans* (1950), die gemeinsame, der Darstellung, Behauptung und Abgrenzung gegenüber anderen Gruppen dienende Aktivität der Gruppe als ‚Aktion' bezeichnet. Zunächst unverbundene Menschen schließen sich in einer Aktion (einem gemeinsamen Anliegen, einer gemeinsamen Bemühung) zusammen und bilden damit eine Gruppe. Die gruppenkonstellierende Aktion schließt gemeinsame Zielvorstellungen und ein auf die Erreichung dieses Zieles gerichtetes gemeinsames Interesse ein, das bei den einzelnen Gruppenteilnehmern unterschiedlich motiviert sein kann. Da jedes Ziel einen Gegner impliziert, wobei unter Gegner die Gesamtheit der dem betreffenden Ziel entgegenstehenden und entgegenwirkenden Kräfte verstanden werden soll, ist auch ein gemeinsamer Gegner gegeben.

Gruppe bedeutet demnach Gemeinsamkeit der Aktivität und der sie leitenden Zielvorstellung sowie des ihr gegenüberstehenden Gegners bei differierenden zugrunde liegenden Motivationen der Teilnehmer. Dieses die Gruppe verbindende Erleben hat bewußte, vorbewußte, jedoch bewußtseinsfähige und unbewußte noch nicht bewußtseinsfähige, durch Angst, Scham und/oder Schuldgefühle abgewehrte Anteile. Auch Angst, Scham und Schuldgefühle unterliegen wiederum der Abwehr (unbewußte Abwehrmechanismen).

In analytisch geführten therapeutischen Gruppen, in denen der Therapeut seine Wahrnehmung gruppenzentriert ausrichtet und in denen er in bezug auf den interpersonellen Umgang in der Gruppe minimal strukturiert, d. h. in dieser Hinsicht keine Verhaltensregelung (Normen und Standards) anbietet, hat die Aktion in der Gruppe folgende spezifische Funktion:

Da Verhaltensregelungen im Sinne von Standards und Normen eine Präventivfunktion in bezug auf mögliche interpersonelle Konflikte haben, werden durch das Verweigern einer solchen Regelung interpersonelle Konflikte in der Gruppe besonders mobilisiert. Diese interpersonellen Konflikte sind unter den Aspekten der Psychoanalyse als psychosoziale Niederschläge (*Richter* 1970) intrapsysischer Konflikte der Beteiligten zu betrachten. Durch die Mobilisierung solcher Konflikte und der dazugehörigen unbewußten, regressiven Phantasien (unbewußte Triebdynamik, unbewußte Objektbeziehungen, unbewußte narzißtische Phantasien) werden irrationale Ängste und ähnliche Emotionen hervorgerufen; zur Vermeidung solcher Angst treten intrapsychische Abwehrmechanismen und ihre psychosozialen Manifestationen verstärkt in Funktion; es resultiert eine Gruppen-Aktion im Sinne eines der Gruppe gemeinsamen Lösungsversuchs für den aktuellen dominierenden gemeinsamen Konflikt.

Die Entstehung eines gemeinsamen Konflikts und einer gemeinsamen Konfliktlösung darf man sich folgendermaßen vorstellen:

Gemeinsam ist den Teilnehmern in einer in bezug auf den interpersonellen Umgang minimal strukturierten Gruppe das Erleben von Unsicherheit — Unsicherheit z. B. in bezug auf die Erwartungen, die der Therapeut und die anderen Gruppenteilnehmer an das Verhalten des einzelnen richten, Unsicherheit in bezug auf die Erwartungen, die der einzelne an das Verhalten des Therapeuten und an das der anderen Gruppenteilnehmer richtet, Unsicherheit in bezug darauf, ob und wie die Wünsche des einzelnen, in der Gruppe therapeutisch zu profitieren, mit den entsprechenden Wünschen der anderen Teilnehmer und mit der Einstellung des Therapeuten kollidieren oder harmonieren, u. ä.

Der einzelne Gruppenteilnehmer wird die Unsicherheit, die ihn aus endogener und exogener Motivation (*Heigl-Evers* u. *Heigl* 1971) aktuell, zusammen mit ersten Lösungsansätzen, am stärksten bewegt, mehr oder weniger deutlich signalisieren oder verbalisieren und wird dadurch den anderen Teilnehmern Anstöße geben, sich ihm anzuschließen oder sich gegen ihn abzugrenzen. Aus den so entstehenden Interaktionen resultiert, daß diejenige Unsicherheit, die die meisten Gruppenteilnehmer aktuell bewegt, zu einer Art „Aufgabe" wird, die die Gruppe gemeinsam bewältigen, für die sie eine gemeinsame Lösung finden muß, wenn sie nicht auseinanderfallen will. Diese Unsicherheiten sind immer auch, wie zuvor beschrieben, durch aktuell mobilisierte intrapsychische angstbesetzte Impulse bewirkt und verstärken die gegen solche Impulse gerichtete Abwehr.

Die gemeinsame Bemühung der Gruppe um die so entstandene, aus gemeinsamer Unsicherheit resultierende Aufgabe führt zu einer Lösung, die für die Gruppe bzw. die Majorität der Gruppe eine Verhaltensregelung in bezug auf die aktuelle Situation enthält und deren Befolgung nunmehr zum Ziel und Inhalt einer gemeinsamen Aktivität der Gruppe, eben ihrer Aktion wird; an dieser Aktivität partizipieren die einzelnen Gruppenteilnehmer in je spezifischer Weise gemäß der unter ihnen erfolgenden soziodynamischen Funktionsverteilung. Die Aktion kann im konkreten Fall mehr durch andrängende Impulse oder mehr durch eine dagegengerichtete Abwehr determiniert sein.

Zu b) *die soziodynamische Funktionsverteilung:* Die Unterschiedlichkeit der Motivationen bei den Gruppenteilnehmern und der daraus resultierenden Erwartungen disponieren diese im Rahmen der Gesamtaktivität der Gruppe zu bestimmten Teilaktivitäten. Das führt zu einem bestimmten Schema der Interaktionen. Dieses Schema wird sich ändern, wenn es zu einer Veränderung in der Aufgliederung der Aktivitäten kommt (*Homans* 1950).

Die Aufgliederung der Gesamtaktivität in Teilaktivitäten und die damit korrespondierenden Interaktionen lassen sich mit Hilfe der von *R. Schindler* (1957/58[1]) angegebenen soziodynamischen Grundformel erfassen. Die soziodynamische Grundformel bezeichnet die verschiedenen Positionen, die in ihrer gegenseitigen Zuordnung eine die Gruppe konstellierende Rangstruktur bilden. Diese Positionen sind als solche inhaltsneutral. Ihre spezielle Beinhaltung bestimmt sich u. a. durch die Persönlichkeitsstrukturen der Teilnehmer und die damit zusammenhängenden Rollenbereitschaften.

Ich habe die Positionen der soziodynamischen Grundformel in Abgrenzung gegen *R. Schindler* auf die gruppenkonstellierende Aktion bezogen und in diesem Sinne definiert. Die spezielle Beinhaltung einer Position durch eine bestimmte Rolle wird infolgedessen auch durch den Inhalt der Aktion bestimmt, die die jeweilige konkrete Gruppe konstituiert. Ich habe vorgeschlagen, statt von soziodynamischer Rangstruktur *(R. Schindler)* von soziodynamischer *Funktionsverteilung* zu sprechen, da der im Terminus Rangstruktur implizierte hierarchische Bezug mehr oder minder ausgeprägt sein kann.

Wenn man die Positionen als Teilaktivitäten oder Teilfunktionen der gruppenkonstellierenden Aktion definiert, dann lassen sich *Abstufungen der Partizipation* an der Gesamtaktivität beschreiben, die von einer auf Identifikation beruhenden uneingeschränkten Bejahung der Aktion (Alpha und Gamma) über eine bedingte Bejahung in verschiedenen Graden der Ambivalenz (Beta) bis hin zur Ablehnung oder Verneinung (Omega und Gegner) reichen.

Die von *R. Schindler* (1957/58[1]) mit Alpha bezeichnete Position ist im Sinne einer Teilaktivität die der Repräsentanz der Aktion gegenüber dem Gegner; der darin enthaltene Appell an die Gruppe lautet: Laßt das, was uns gemeinsam bewegt, durch mich repräsentieren!

Die Rollen des „Oberhauptes" und die des „Anführers" zum Beispiel sind dieser Position in typischer Weise zugeordnet.

Die Position des Gamma bezeichnet nach meiner Definition die Teilaktivität des Partizipierens (1966). Ich habe dabei drei Subpositionen unterschieden:

1. Die des identifikatorisch-partizipierenden Gammas, gekennzeichnet durch die Teilaktivität des Übereinstimmens. Diese enthält als Reiz wie als Antwort in der Interaktion die Bereitschaft und Tendenz übereinzustimmen: Ich warte auf eine Möglichkeit übereinzustimmen! Ich stimme mit Euch überein! Dieser Position ist zum Beispiel die Rolle des „Adjutanten" und die des „Assistenten" zugeordnet.

2. Die des komplementär-partizipierenden Gammas, charakterisiert durch die Teilaktivität des Ergänzens. Sie enthält die Bereitschaft und Tendenz, eine vorgegebene Teilaktivität zu einem sozial sinnvollen Ganzen zu vervollständigen, so zum Beispiel ein vorgegebenes Nehmen durch Geben und vice versa, ein vorgegebenes Führen durch Folgen und vice versa. Zum Beispiel entspricht die Rolle des „Mitglieds" oder „Mitläufers" dieser Position.

3. Die des kritisch-überwachend partizipierenden Gammas, gekennzeichnet durch die Teilaktivität des eifernden Überwachens. Sie enthält die Bereitschaft und Tendenz, die Aktion in bezug auf die Reinheit ihrer Durchführung kritisch-eifernd zu überwachen. Die Rollen des „Beichtvaters", des „Inquisitors", des ideologischen „Einpeitschers", des „Normenhüters" korrespondieren mit solcher Aktivität.

Die Position des Beta ist nach meiner Definition charakterisiert durch die Teilaktivität: Beteiligung mit Einschränkung, auf Distanz. Auch diese Position gliedert sich nach meiner Beobachtung (1967[2]) in Subpositionen — in die des bedingten Pro, der sich zur Aktion im Sinne eines: Ja, aber ... einstellt, in die des bedingten Kontra, der sich gegen die Aktion mit einem: Nein, außer ... bedingt abgrenzt, und in die des Schwankenden, der in seiner Argumentation zwischen Aktion und Gegenaktion im Sinne eines: Teils ... teils ... hin- und herschwankt. Zu den Positionen des Beta gehören die Rollen des „Fachmannes", des „Trainers", des „Kritikers" oder „Rezensenten", der „grauen Eminenz".

Die von *R. Schindler* mit Omega bezeichnete Position ist die der Repräsentanz des Gegners oder Gegen-Alphas beziehungsweise der Gegen-Aktion innerhalb der Gruppe. Sie ist charakterisiert durch die Teilaktivität des Protestierens, jedoch auf der Basis von Unterlegenheit und Schwäche. Sie enthält die Bereitschaft und Tendenz, zur Aktion Nein zu sagen, wobei dieses Nein nicht kraftvoll-erfolgreich verwirklicht werden kann, sondern Unterdrückung, Bestrafung, Ostrazismus bewirkt. Die Omega-Position ist Träger für die Rollen des „Sündenbocks", des „Prügelknaben" und des „Hofnarren", wie *Merl* (1968) dargestellt hat.

Die Einstellung zur Gruppenaktion stuft sich somit ab von einem eindeutigen Ja des Alphas und der Gammas über ein bedingtes Ja, ein Vielleicht und ein bedingtes Nein der Betas bis hin zum eindeutigen Nein des Omegas und des Gegners.

Die soziodynamische Funktionsverteilung ist abhängig

von der der Individualstruktur inhaerenten Position i. e. der endogenen Motivation;

von der Zusammensetzung und dem setting der Gruppe, d. h. von den aus der Gruppenzusammensetzung resultierenden Interaktionen bzw. Interaktionssequenzen, i. e. der exogenen, situationsbedingten Motivation;

von der Zielsetzung der Gruppe;

von den Beziehungen der betreffenden Gruppe zu ihrer Umwelt, d. h. vom sozialen Kontext, in dem sich die Gruppe befindet.

Die prägruppalen Bezogenheiten (A. Heigl-Evers 1968[1]) sind bei der Konzeptualisierung der Gruppe ebenfalls zu berücksichtigen.

Was ist darunter zu verstehen? *R. Schindler* (1964) hat Zustände beschrieben, die in der Mitte liegen zwischen dem kontaktlosen Nebeneinanderher der sogenannten Menge und der durch eine dynamische Rangstruktur (oder Funktionsverteilung) gekennzeichneten Gruppe. Er hat diese Entwicklungsphase kollektiv-psychologischer Bezogenheit prägruppal genannt. Sie kommt nach ihm zustande, „wenn eine von innen oder außen herangetragene Erregung eine bestimmte Menge erreicht und gemeinsam umgreift", ohne daß sich eine Rangstruktur ausformt. Die Entwicklung einer Rangstruktur wird durch einen allgemeinen Führungsanspruch verhindert. Ein weiteres entscheidendes Kriterium der prägruppalen Bezogenheit ist das Auftreten freier Angst, die in der Furcht vor dem künftigen Alpha begründet ist, Furcht m. E. deswegen, weil sich im Alpha-Prätendenten eine neue Richtung und damit eine neue Funktionsverteilung ankündigt, wodurch zunächst Ungewißheit und Unsicherheit entstehen.

Ein allgemeiner Führungsanspruch kann nach meiner Beobachtung in Gruppen von Neurosekranken zum Beispiel dann entstehen, wenn das Erleben aller Teilnehmer durch Erregungen bestimmt wird, die der gleichen Antriebskategorie entstammen, heftig zur Aktualisierung drängen und dadurch Konkurrenz- und Rivalitätsspannungen und die dazugehörigen Ängste und Befürchtungen auslösen, so daß im Bereich dieser Erlebniskategorie ein Kampf aller gegen alle droht oder entbrennt.

Nach meiner Erfahrung werden zur Abwehr dieser Ängste und zwecks Ausschaltung dieses Kampfes häufig typische auf den Gruppenleiter gerichtete gemeinsame Übertragungsphantasien von den Teilnehmern entwickelt. Die besondere Bedrängnis, die mit der Freisetzung solcher Angstquanten verbunden ist, treibt die Teilnehmer, Hilfe bei demjenigen zu suchen, der außerhalb dieser Bedrängnis zu stehen scheint. Die in solchen Situationen überwiegenden disjunktiven Kräfte (*G. R. Bach* 1957) erschweren die zur Bildung differenzierterer Abwehrsubstrukturen erforderliche Funktionsaufteilung.

Mit solchen Übertragungsphantasien werden Gruppenstrukturen angestrebt, die, wenig differenziert, dadurch charakterisiert sind, daß dem Gruppenleiter die Alpha-Position zugeordnet wird und die Gruppenteilnehmer sich als identifikatorisch- oder als komplementär-partizipierende Gammas zu ihm einstellen.

Wenn zum Beispiel die prägruppale Bezogenheit zustande kommt durch eine alle umgreifende orale Erregung, durch diffuses Begehren und Habenwollen, dann wird der dadurch mobilisierte, mit Neid und Eifersucht verbundene Konkurrenzkampf häufig in typischer Weise abgewehrt durch die gemeinsam an den Gruppenleiter gerichtete Erwartungsphantasie, wonach dieser eine unerschöpfliche, allspendende und allsättigende Nahrungs- und Befriedigungsquelle sein müßte, eine Art Diana von Ephesos, an deren Milchleisten jeder Teilnehmer seine Nahrungsquelle fände, so daß alle miteinander satt würden. Die dem Gruppenleiter damit zur Repräsentanz zugewiesene Aktion würde die Tendenz beinhalten, uferlos zu spenden und zu befriedigen; die Gruppenteilnehmer bezögen dazu die komplementär-partizipierende Position saugender Rezeptivität und Abhängigkeit. Eine so strukturierte Gruppe steht m. E. in Beziehung zu der von *Bion* beschriebenen Grundeinstellung der Abhängigkeit.

Wenn das Erleben aller Gruppenteilnehmer getönt ist von einem diffusen aggressiven Drang, Macht zu entfalten und sich gegen alle anderen durchzusetzen, dann wird der damit sich konstellierende Machtkampf häufig abgewehrt durch eine an den Gruppenleiter gerichtete Erwartungsphantasie, wonach dieser eine Art Superordnungsmacht sein müßte, die jedem seinen Macht- und Geltungsbereich zuwiese, die Bereiche der einzelnen gegeneinander abgrenzte und diese Grenzen garantierte. In der damit angestrebten Rangstruktur wird dem Gruppenleiter wiederum die Position des Alpha zugewiesen. Die von ihm zu vertretende Aktion hätte zum Inhalt: Alle Macht liegt bei einem einzigen, bei mir, und ich verteile sie streng gerecht und garantiere jedem Sicherheit und Schutz. Die Gruppenteilnehmer, indem sie gleichsam ihr Lehen aus seiner Hand empfangen möchten, verhalten sich wiederum als komplementär-partizipierende Gammas im Sinne von gefügiger Anlehnung und Abhängigkeit in einer autoritären Struktur. Auch eine solche Gruppe steht in Beziehung zur *Bion*schen Grundeinstellung der Abhängigkeit.

Wenn die prägruppale Bezogenheit dadurch zustande kommt, daß unter dem Eindruck einer allgemeinen Gefahr, der Gefahr etwa sadistisch-bemächtigenden Verhaltens, falls die Teilnehmer sich aktiv miteinander auseinandersetzten, jeder einzelne von starken Rückzugstendenzen aus der Gruppensituation erfüllt ist, dann wird das Schweigen des Gruppenleiters zum Anlaß genommen, in ihm den Repräsentanten der Vermeidung, des Gedecktseins zu sehen, dem sich die anderen in persönlichkeitsspezifischer Weise anschließen. Es wird so ein allgemeines Flucht- oder Ausweich-Verhalten geübt, in gemeinsamer Ausrichtung am Gruppenleiter. Auf diese Weise wird die angstauslösende Gefahr abgewehrt und gleichzeitig ein räumliches Auseinanderlaufen verhindert. Eine solche Struktur steht meines Erachtens in Beziehung zu der von *Bion* beobachteten Grundeinstellung der Flucht.

Wenn das Erleben aller Teilnehmer getönt ist von diffusen genitalen Wünschen, Wünschen nach Paarung und kreativer Kommunikation, danach, sich wechselseitig anzuregen und miteinander etwas Neues zustandezubringen, und wenn wegen der dadurch mobilisierten Eifersuchts- und Rivalitätsspannungen eine prägruppale Bezogenheit mit der entsprechenden freien Angst entsteht, dann wird häufig an den Gruppenleiter die gemeinsame Erwartungsphantasie gerichtet, dieser solle mit einem der Teilnehmer ein gleichsam begnadetes Paar bilden, dessen Kreativität Erlösung und Heil für alle verspräche. Auch mit dieser Phantasie wird dem Gruppenleiter die Alpha-Position eingeräumt im Sinne der Aktion: Paarung muß zum Heil für alle führen im Sinne etwa folgender Phantasie: Ich bin der königliche Bräutigam, der sich eine Braut wählt, um mit ihr das messianische Heil für alle zu erzeugen. — Die Gruppenteilnehmer stellen sich wiederum als komplementär-partizipierende Gammas, d. h. im Zusammenhang der genannten Phantasie gleichsam als huldigende und das hohe Paar verherrlichende Hochzeitsgäste ein, die erwartungsfroh der Geburt des Messias, der Manifestation des Heils entgegensehen und auf diese Weise destruktive Rivalität abwehren können. Eine solche Gruppe steht meines Erachtens in Beziehung zu der von *Bion* beschriebenen Grundeinstellung der Paarbildung.

Aus den beschriebenen Konzeptionen leiten sich bestimmte *Behandlungsprinzipien* ab. Ihrer Erörterung seien folgende allgemeine Überlegungen vorangeschickt:

Die Aufgabe des analytischen Gruppentherapeuten besteht meines Erachtens darin, der Gruppe ihre Aktion, deren Zielsetzung und die dabei mitwirkenden Motivationen und die Art der Aufteilung in Teilaktivitäten, das Interaktionsschema, insbesondere in den unbewußten Anteilen nahezubringen, sie durch klärende und aufhellende Interpretationen registrierbar und reflektierbar werden zu lassen. Denn die Teilaktivitäten korrespondieren mit Strukturkomponenten der Teilnehmer; die jeweilige Gruppenstruktur stellt bei Gruppen von Neurosekranken eine Abwehrformierung gegenüber angstbesetzten latenten Komponenten der Erlebnisverarbeitung dar. Es wird auf diese Weise eine Analyse der Abwehr ermöglicht.

Die therapeutische Aktivität vollzieht sich unter Beachtung des Abstinenzprinzips und der, der freien Assoziationsregel der Einzelanalyse entsprechenden freien Interaktionsregel (s. *Heigl-Evers 1967*[2]). Zwei Wirkungen der Abstinenz erscheinen dabei besonders wichtig:

1. dem Patienten durch persönliche Anonymität und wertneutrales Wohlwollen im therapeutischen Umstrukturierungsprozeß einen maximalen Freiheitsraum verfügbar zu machen (*Scheunert* 1961; *Enke* 1968) und

2. eine gezielte Frustrierung der neurotischen Erwartungen und Ansprüche der Patienten und der damit verbundenen Ersatzbefriedigungen zu vollziehen, die bis dahin latenten Enttäuschungsaggressionen auf diese Weise zu mobilisieren und über das Erleben dieser Aggressionen die neurotischen Erwartungen und Ansprüche und die damit verbundenen Abwehrmechanismen erlebbar werden zu lassen.

Betrachtet man eine sich auf solche Weise strukturierende Gruppe unter dem Aspekt des von *H. Schultz-Hencke* (1951) entworfenen antriebspsychologischen Neurose-Modells, so läßt sich die Gruppe als Ganzes in der jeweiligen Sitzung als eine Triebabwehrstruktur beschreiben im Sinne einer einheitlichen Antriebs-Hemmungsformierung. Die Einzelkomponenten der Triebabwehr, die in ihrer Gesamtheit und in ihrer typischen Verknüpfung die neurotische Struktur bilden, finden ihre Repräsentanz in den Teilnehmern der Gruppe.

In der Dynamik dieser Abwehr verkörpert Alpha im typischen Fall die Gehemmtheit einschließlich des reaktiven Charakterzugs, der diese festigt. Die identifikatorisch-partizipierenden Gammas vertreten gleichfalls den von Alpha zur Darstellung gebrachten reaktiven Charakterzug. Die eifernd-überwachend partizipierenden Gammas repräsentieren das neurotische Ideal oder das Ich-Ideal, das der Aufrechterhaltung der Gehemmtheit dient und die durch die Gehemmtheit bewirkte Störung des Selbstwertgefühls (gestört infolge Ausfalls oder mangelhafter Entfaltung und Differenzierung einer Vitalenergie) ausgleicht (*F. Heigl* 1964). Der komplementär-partizipierende Gamma schließlich repräsentiert die zu der betreffenden Gehemmtheit komplementäre Haltung (Haltung im Sinne *H. Schultz-Henckes* definiert als Antriebssprengstück, als Restimpuls). Er repräsentiert jene Haltung, ohne welche die betreffende Gehemmtheitseinstellung in der zwischenmenschlichen Dynamik oder Bezogenheit nicht wirksam werden könnte, eine Haltung, ohne die aber auch der Träger der Gehemmtheit selbst nicht existenzfähig sein würde; sie ist regelhaft ein integrierender Bestandteil von dessen Struktur.

Beta verkörpert eine Haltung, die neben oder trotz der Gehemmtheit eine Dennoch-Durchsetzung des abgewehrten Impulses oder Antriebs beinhaltet. Sie resultiert aus einer Einstellung zur Gehemmtheit als Inhalt der Aktion, die man durch ein einschränkendes „Ja" mit einem nachfolgenden „aber ..." oder aber durch ein bedingtes „Nein" mit einem nachfolgenden „außer ..." oder aber durch ein schwankendes „Teils ... teils ..." kennzeichnen könnte.

Der Gegner repräsentiert den Antrieb, den Impuls, gegen den sich die Hemmung richtet — den Impuls in einer angstfreien, gesteuerten Form. Omega dagegen ist der geschwächte Repräsentant des Gegners; er vertritt den Impuls einschließlich der damit verbundenen Ängste und der aus reaktiven Aggressionen resultierenden Schuldgefühle.

Die Gruppe gestaltet sich also, wenn es um die Aktion einer neurotischen Triebabwehr geht, so wie es der Struktur der betreffenden Neurose entspricht. Da die Struktur einen Niederschlag und die Verarbeitung der frühkindlichen Umwelteinflüsse und ihrer personalen Repräsentanten darstellt, ist zu folgern, daß sich auch das frühkindliche Beziehungsfeld des Alpha, dessen Initiative die Aktion trägt, in der Gruppe widerspiegelt.

Im besonderen sind aus dem Modell der *aktionszentrierten Gruppe mit soziodynamischer Funktionsverteilung* folgende therapeutische Prinzipien und Techniken zu entwickeln:

1. Technik in der durch die Entwicklung einer bestimmten Aktion (Lösungsversuch eines aktuellen Gruppenkonflikts) gekennzeichneten *Einleitungsphase* einer Gruppensitzung bzw. einer Sitzungssequenz. — In der initialen Phase der Gruppensitzung hat der Therapeut meines Erachtens vornehmlich die Aufgabe des schweigenden Beobachters, der seine volle Aufmerksamkeit der sich bildenden prägruppalen Bezogenheit oder der sich abzeichnenden Gruppenkonstellierung zuwendet, darum bemüht, aus den Interaktionen auf die gemeinsame Aktion und auf die Verteilung der Teilaktivitäten und deren Beinhaltungen zu schließen. Dieser Prozeß der Entwicklung einer Aktion, d. h. eines Lösungsversuchs, kann sich u. U. auch über mehrere Sitzungen erstrecken.

Die Beobachtung des Gruppenverhaltens geschieht unter psychoanalytischen Aspekten, wie sie zum Beispiel von *Rapaport* (1959) dargestellt wurden — so unter dem topographischen Gesichtspunkt, der auf die unbewußten Determinanten des Verhaltens ausgerichtet ist, unter dem dynamischen Gesichtspunkt, wonach alles Verhalten letztlich triebbestimmt ist, unter dem strukturellen Gesichtspunkt, um die strukturellen Determinanten des Verhaltens zu erfassen, und unter dem adaptiven sowie dem psychosozialen Gesichtspunkt, der die Determinante Realität und insbesondere die Determinante soziale Interaktion berücksichtigt.

Die unter den genannten Aspekten erfolgenden Schlußbildungen sind gleichfalls die der Psychoanalyse inhärenten. Die am häufigsten verwandten wurden von *F. Heigl* (1969) zusammengestellt. Der Schluß ex silentio oder ex omissione, der Schluß post hoc ergo propter hoc, der Schluß aus einer Abweichung des Wahrgenommenen von seiner üblichen Form auf das nicht Wahrgenommene, der Schluß aus der Inadaequanz in der Relation zwischen dem Wahrgenommenen und seiner Auswirkung auf ein dieser Auswirkung adaequates Nichtwahrgenommenes, Latentes, der Schluß von einem wahrgenommenen extremen Verhalten auf ein entgegengesetztes, im gegebenen Zeitpunkt nicht wahrgenommenes extremes Verhalten, das zu dem ersteren in Interdependenz steht.

2. Technik in der *Mittelphase* einer Gruppensitzung oder einer Sitzungssequenz. — Die Erfassung der Aktion und ihrer Teilaktivitäten ermöglicht es, den therapeutischen Ansatzpunkt so zu wählen, daß er die *ganze* Gruppe betrifft, daß er allen Gruppenteilnehmern schrittweise einen Zugang zu den unbewußten Komponenten ihrer Erlebnisverarbeitung erschließt. Dabei ist jeweils auf die dominanten Abwehrmechanismen zu zentrieren, die von der Gruppe in der betreffenden Phase dargestellt werden.

Es ist zu empfehlen, sich als Therapeut jeweils so in die Funktionsverteilungsstruktur der Gruppe einzufügen, wie es der vorherrschenden Erwartung entspricht, sich also sozusagen die Position von der Übertragungsbereitschaft der Gruppe anweisen zu lassen und sodann aus dieser Position heraus therapeutisch zu operieren, d. h. die Identifikation mit dieser Position zu verbalisieren, wobei ein nichtreflektiertes Agieren zu vermeiden ist. Die Erfassung der vorherrschenden Erwartung der Gruppe geschieht sowohl auf dem Wege psychoanalytischer Schlußbildung wie auch mittels der Gegenübertragungsgefühle des Therapeuten, auf deren therapeutische Funktion viele Autoren hingewiesen haben, so *Grinberg* et al. (1960), *Argelander* (1963/64), u. a.

3. Technik in der *Terminalphase* einer Gruppensitzung oder einer Sitzungssequenz. — Nachdem in der Initialphase einer Sitzung oder Sitzungsfrequenz die Gruppe sich konstelliert hat und nachdem im Mittelteil der Therapeut jene Position bezogen hat, die die Erwartung der Gruppe ihm zuweist, empfiehlt sich für die Terminalphase einer Sitzung oder Sitzungssequenz nach meiner Erfahrung folgende therapeutische Orientierung: Der Alpha-Gamma-Majorität einerseits sowie der Omega-Minorität andererseits nahezubringen, daß sie wechselseitig latente Komponenten der Erlebnisverarbeitung der jeweils anderen Untergruppe darstellen, daß also beide, Majorität und Minorität, an der gleichen konflikthaften Thematik Anteil haben (sog. kopulative Interpretation, s. *A. Heigl-Evers* u. *Heigl* 1972). Den Betas wäre nahezubringen, weswegen sie nur auf Distanz teilnehmen, welche einschränkende Bedingung diese Distanz beinhaltet. Dieses Prinzip der von mir so genannten reziproken Repräsentanz der Latenz, wonach Majorität und Minorität wechselseitig im manifesten Verhalten der anderen Untergruppe eigene latente Tendenzen be-

kämpfen, scheint mir in nahezu jeder Gruppensitzung eine entscheidende Rolle zu spielen (1967², 1972).

In summa ist über die zuletzt beschriebene gruppentherapeutische Technik folgendes zu sagen: Sie ist auf die gemeinsame Aktivität der Gruppe und auf die zur Ausübung dieser Aktivität erforderliche soziodynamische Funktionsverteilung ausgerichtet. Diese Aktivität wird in Gruppen von Neurosekranken bei Wahrung des Abstinenzprinzips und bei Befolgung der freien Interaktionsregel durch die Abwehr angstbesetzten Antriebserlebens und der entsprechenden angstbesetzten Objektbeziehung bestimmt.

In der Initialphase einer Gruppensitzung oder Sitzungssequenz, gekennzeichnet durch die Entwicklung einer bestimmten Aktion, also eines gemeinsamen Lösungsversuchs eines aktuellen Gruppenkonflikts, besteht die therapeutische Aktivität vorwiegend in der schweigenden Beobachtung des Gruppenverhaltens unter den genannten soziodynamischen Aspekten und unter den Gesichtspunkten der Psychoanalyse.

In der Mittelphase einer Gruppensitzung oder Sitzungssequenz nimmt der Therapeut im Sinne der Verbalisierung einer entsprechenden Identifikation die Position ein, die die Erwartung der Gruppe ihm zuweist, mit dem Ziel, die Darstellung des Schutz- und Abwehrverhaltens, um das es vornehmlich geht, zu fördern.

In der Terminalphase operiert der Therapeut mit dem Ziel, eine Umstrukturierung einzuleiten, zum Beispiel dadurch, daß der Alpha-Gamma-Majorität einerseits und der Omega-Minorität andererseits nahegebracht wird, daß sie wechselseitig latente Komponenten ihrer Erlebnisverarbeitung aktualisieren.

Diese Technik nutzt meines Erachtens die Möglichkeit, sowohl die der Gruppe *gemeinsame Thematik* wie auch die *spezifisch-individuelle Anteilnahme* der Patienten an dieser Gemeinsamkeit zu erfassen und der analytisch-therapeutischen Intention nutzbar zu machen. Sie trägt der Konzeption Rechnung, daß Patienten einer Gruppe sowohl gemeinsame Konflikte wie differente Verarbeitungsweisen dieser Konflikte zeigen.

D. Zusammenfassung und Diskussion

Jede Konzeption ist ein Versuch zu simplifizieren, d. h. komplexe Phänomene in eine begrenzte Gruppe von Variablen einzuordnen. So erfassen auch die skizzierten Gruppenkonzepte einige Züge des komplexen Phänomens „Gruppe" jeweils scharf, andere weniger scharf.

Bei den von *Slavson* und den von *Wolf* und *Schwartz* entwickelten gruppentherapeutischen Modellen fehlt der gruppendynamische Bezug. Bei der Konzeptualisierung der Gruppentherapie wird vernachlässigt, daß es sich um eine psychoanalytische Therapie in einer *Gruppen*situation handelt. Die Pluralität der Gruppe als Determinante für das Verhalten der einzelnen wird nicht in Betracht gezogen. Die exogene, situationsbedingte Motivation für das Verhalten der Gruppenmitglieder wird nicht beachtet; es wird lediglich auf die der Individualstruktur inhärente i. e. die endogene Motivation fokussiert. Das Motivationssystem des Individuums wird, vielleicht im Sinne eines Autonomie-Ideals, einseitig betont.

Bion hat mit den Begriffen der Arbeitsgruppe (work group) und mit den Homogenisierungsphasen der Grundeinstellungs-Gruppe (basic assumption group) gruppendynamische Phänomene konzeptualisiert. Er betrachtet den Menschen als ein „Gruppenwesen" und bestreitet, daß Individualpsychologie und Gruppenpsychologie voneinander zu unterscheiden seien. Das von ihm entwickelte Gruppenmodell bietet kaum eine Möglichkeit, die *individualspezifischen Strukturen* der Teilnehmer zu erfassen. Die gruppenpsychologischen Determinanten des Verhaltens der einzelnen werden meines Erachtens überbetont.

Auch *Argelander* sieht keinen Unterschied zwischen Individualpsychologie und Gruppenpsychologie, wenn er das von der Psychoanalyse entwickelte Modell der Ich-Struktur strikt auf die Gruppe überträgt und die Gruppe aus einer multipersonalen Beziehung per operationem in eine bipersonale — zwischen Therapeut und Gruppen-Ich — umwandelt.

Ezriel konzeptualisiert die Gruppe mit Hilfe des psychoanalytischen Modells der unbewußten Objekt-Beziehungen; daneben führt er ein Interaktionsprinzip ein, darin bestehend, daß die Rollenverteilung in der Gruppe durch die jeweils dominanten unbewußten Phantasien und die darin enthaltenen Erwartungen und Bereitschaften der Teilnehmer bestimmt wird.

Auch *Foulkes* verbindet in seinem Gruppenkonzept psychoanalytische und gruppendynamische Prinzipien; er berücksichtigt sowohl die intraindividuelle wie die interindividuelle Ebene des Erlebens und Verhaltens der Teilnehmer im Sinne alternierender Beobachtung und therapeutischer Beeinflussung.

Grinberg et al. haben in ihrem Konzept der dynamischen Kollektivkonstellation psychoanalytische und gruppendynamische Elemente vereinigt. Sie verstehen Gruppe als (übersummatives) Ganzes von Gestaltcharakter; über Prozesse projizierender und introjizierender Identifikation bilden sich aus den emotionalen Grundstrukturen der Gruppenteilnehmer Kollektivphänomene, die über Rollen und Funktionen zur Darstellung gelangen. Das von den Autoren entwickelte Rollenkonzept erscheint insofern nicht ausreichend konsistent, als darin die endogene und die durch die Gruppensituation bestimmte exogene Motivation zur Rollenübernahme theoretisch nicht zueinander in eine regelhafte Beziehung gesetzt werden.

Stock-Whitaker und *Lieberman* haben psychoanalytische und gruppendynamische Konzepte in eine konsistente Theorie der Gruppe integriert. Eine gewisse Schwäche ihres Modells liegt meines Erachtens darin, daß es kein Rollenverteilungs-Konzept enthält, wodurch ermöglicht würde, den habituellen Interaktionsstil und die darin verarbeiteten Abwehrmechanismen der Teilnehmer diagnostisch und therapeutisch zu erfassen.

Es ist die besondere Stärke des (vorwiegend gruppendynamisch-orientierten) Modells von *R. Schindler*, daß es auf einem Rollenverteilungskonzept, einem Interaktionsschema beruht. Doch läßt die von *Schindler* beschriebene soziodynamische Rangstruktur ein Konzept vermissen, das die gemeinsame Gruppenthematik, das die Gruppe konstellierende gemeinsame Anliegen explizit macht.

In meinem eigenen Konzept, das ich in Anlehnung an die Theorie der sozialen Gruppe von *Homans* und an die soziodynamische Grundformel von *R. Schindler* entwickelt habe, ist die gemeinsame, dem Gruppenprozeß zugrunde liegende Thematik im Begriff der Aktion und ihrer unbewußten Determinanten erfaßt. Die Positionen der soziodynamischen Grundformel werden als Teilaktivitäten der Gruppenaktion definiert und werden zu einem System von Subpositionen differenziert, das eine recht präzise Bestimmung der habituellen Interaktionsstile der Gruppenteilnehmer ermöglicht. Mit dem Konzept der reziproken Repräsentanz latenten Erlebens durch Majorität und Minorität (Majorität und Minorität bekämpfen wechselseitig im manifesten Verhalten der anderen Untergruppe die eigenen latenten Tendenzen) ist die Möglichkeit gegeben, die gruppenspezifische Abwehrkonstellation sowie die Dynamik des Ablaufs zu erfassen. Die Einführung des Begriffs der soziodynamischen Funktionsverteilung anstelle der soziodynamischen Rangstruktur vermeidet eine Überbetonung hierarchischer Aspekte.

Diese Konzeption ermöglicht ferner, ebenso wie das *Schindler*sche Modell, die jeweilige Position und Rolle des Therapeuten zu bestimmen. Diese Bestimmung ist deswegen wichtig, weil eine in bezug auf das Erleben und Verhalten der Gruppenteilnehmer inhaltlich korrekte Interpretation eine ganz unterschiedliche Wirkung haben wird, je nachdem, aus welcher Position heraus der Therapeut sie gibt.

Eine der Schwächen des Modells liegt darin, daß es die Normen und Standards, die Gruppenkultur, im Unterschied zu *Stock-Whitaker* und *Lieberman* nicht ausreichend expliziert. Repräsentant und Verfechter der jeweils dominanten Gruppennormen ist in diesem Modell der eifernd-partizipierende Gamma.

Künftige Untersuchungen sollten meines Erachtens vor allem auf eine noch schlüssigere Integration psychoanalytisch-tiefenpsychologischer und gruppendynamisch-sozialpsychologischer Konzepte und Begriffe sowie auf deren empirische Überprüfung ausgerichtet sein. Als weitere bisher vernachlässigte Forschungsdimensionen erscheinen mir

die Erfassung von *Regelhaftigkeiten* der Einwirkung *unbewußter* Determinanten auf den Gruppenprozeß, der Regelhaftigkeit ihrer fördernden oder hindernden Auswirkung auf die manifesten Intentionen und Zielsetzungen der Gruppe;

die Erfassung der *Determinanten* der *Funktionsverteilung* in Gruppen und deren Wirkung auf die Lernmotivation des einzelnen und auf die Leistung der Gesamtgruppe.

E. Nachtrag

In bezug auf die Indikation zur Gruppentherapie ist folgendes zu sagen: Die Indikation, beruhend auf dem prognostischen Urteil über die Wirksamkeit dieser Therapie, ist von der therapeutischen Zielsetzung und daneben auch von der jeweiligen theoretischen Konzeption abhängig. Bezüglich der therapeutischen Zielsetzung wäre unter den Vertretern verschiedener psychologischer Arbeitsrichtungen unschwer ein Konsensus herzustellen; die unterschiedlichen theoretischen Konzepte führen jedoch auch zu speziellen Kriterien der Indikation. (S. dazu auch *A. Heigl-Evers* u. *Heigl* in *Heigl* 1972, S. 140—211.)

So verneint zum Beispiel *Argelander* die Notwendigkeit der Differentialindikation für die Psychoanalyse des einzelnen und die Gruppenanalyse; für beide Therapieformen gelten nach ihm die gleichen Selektionskriterien.

Meint man jedoch zwischen der analytischen Behandlung des Patienten im setting einer Dualbeziehung einerseits und im setting einer Pluralität andererseits Unterschiede (*Heigl-Evers* und *Heigl* 1968) zu sehen, so ergibt sich folgerichtig auch eine differente Indikation.

F. Heigl und ich (1970[1]) haben anhand von vier Merkmalen der Pluralität: unter mehreren sein — als Glied einer Vielheit einzigartig sein — nicht souverän sein — mit der relativen Unabsehbarkeit der Folgen des eigenen Tuns konfrontiert sein — eine spezielle Indikation für die analytische Gruppenpsychotherapie entwickelt. Jedes dieser Merkmale stellt einen Faktor dar, der bei bestimmten Patienten eine stärkere Wirksamkeit der analytischen Gruppenpsychotherapie gegenüber der Einzeltherapie erwarten läßt.

Wegen der nach unserer Meinung bestehenden Differentia specifica zwischen analytischer Einzel- und Gruppenpsychotherapie scheint uns auch bei bestimmten Patienten eine Indikation zu einer kombinierten Anwendung dieser beiden Therapieformen gegeben zu sein. Bei der gemeinsamen Sichtung der bei uns vorliegenden klinischen Erfahrungen mit *F. Heigl (Heigl-Evers* u. *Heigl* 1970[2]) ergab sich folgendes Grundkonzept für die Indikation zur kombinierten Therapie:

Eine solche Indikation scheint uns gegeben bei Patienten, deren Narzißmus und Egozentrizität der therapeutischen Beeinflussung durch Information per feedback („Die Gruppe ist der unversöhnliche Feind des Narzißmus", sagt *Klapman,* 1945) bedarf. Auf der anderen Seite brauchen diese Patienten den durch die genauere Dosierbarkeit der Interventionen und die breiteren Introspektionsmöglichkeiten gewährleisteten Kränkungsschutz der Einzelanalyse. Eine Indikation zur kombinierten Therapie ist ferner dann gegeben, wenn der Patient wegen der Ich-syntonen Art seiner Abwehr auf beides angewiesen ist: einmal auf die stärkeren interpersonellen Reize der Gruppe und zweitens auf die Intimität, die Nicht-Öffentlichkeit der Einzelanalyse, weil er zunächst nur hier, wo Gesichtsverlust und ähnliche Kränkungen nicht in dem Maße zu fürchten sind, seine Abwehr öffnen kann. Eine Abwehr ist dann Ich-synton, wenn sie sich nicht im Widerspruch zu den bewußt vertretenen Idealen oder Ich-Idealen des betreffenden Patienten befindet, wenn Ich und Über-Ich in Übereinstimmung sind. —

Abschließend noch ein kurzer Hinweis auf die Gruppendynamik und ihre jenseits des klinischen Bereichs liegenden sozialkommunikativen Anwendungsformen.

Gruppendynamik bedeutet nach einer von *F. Heigl* (1970) vorgenommenen Begriffsbestimmung viererlei: Die Dynamik oder die Veränderung von Ursache-Wirkung-Beziehungen in sozialen Gruppen, die wissenschaftliche Erforschung von Kommunikationssystemen und Interaktionsprozessen (*Däumling* 1968), ferner die praktische Anwendung gruppendynamischer Erkenntnisse zum Beispiel in der Hochschuldidaktik, in sozialen Institutionen, in der sozialen Rehabilitation von psychisch Kranken und von dissozialen Persönlichkeiten und die Vermittlung gruppendynamischer Kenntnisse durch Lehrveranstaltungen in Form des sogenannten gruppendynamischen Laboratoriums [GDL] oder gruppendynamischen Seminars.

Die Gruppendynamik als spezielle Lehrveranstaltung geht vornehmlich auf die Initiative von *Kurt Lewin* (1947) zurück. Werden Mitglieder kleiner Gruppen in einem bestimmten setting mit Daten, d. h. Informationen über ihr eigenes Verhalten und dessen Wirkungen konfrontiert, dann kann daraus ein bedeutungsvolles Lernen über sich selbst, über die Beziehung zu den anderen und über Gruppenverhalten im allgemeinen resultieren, vorausgesetzt, die Gruppenmitglieder sind in der Lage, nicht-defensiv über diese Daten nachzudenken.

Diese Methode hat in den letzten Jahren zunehmend an praktischer Bedeutung gewonnen — insbesondere im Bereich der verschiedenen Sektoren der Erwachsenenbildung, im Bereich der sozialen Rehabilitation und überall dort, wo Leistungseffektivität von Organisation und Kooperation abhängig ist.

Literatur

Alexander, F.: Psychoanalysis and psychotherapy. Developments in theory, technique and training. W. W. Norton and Company, Inc., New York 1956.

Arendt, Hannah: Vita activa oder „Vom tätigen Leben“. Piper u. Co., München 1960.

Argelander, H.: Die Analyse psychischer Prozesse in der Gruppe. Psyche 17, 450—470 und 481—515 (1963/64).

—: Gruppenanalyse unter Anwendung des Strukturmodells. Psyche 22, 913—933 (1968).

Bach, G. R.: Observations on transference and object relations in the light of group dynamics. Int. J. Gr. Psychother. 7, 64 (1957).

Bales, R. F.: The equilibrium problem in small groups. In: Parsons, C. Talcott, Bales, R. F., Shils, E. A.: Working papers in the theory of action. Glencoe III, Free Press 1953.

Battegay, R.: Der Mensch in der Gruppe. Bd. II. Verlag Hans Huber, Bern—Stuttgart—Wien 1971.

Bierer, J.: Die therapeutischen Social clubs. Z. Psychother. med. Psychol. 5, 58 (1955).

Bion, W. R.: Experiences in groups and other papers. Tavistock Publications, London 1961.

Burrow, T.: The group method of analysis. Psychoanalyt. Rev. 14, 268 (1926).

Clauser, G.: Märchen als Rollenspiel. In: Stolze, H. (Hg.): Arzt im Raum des Erlebens. Lehmann, München 1959.

Däumling, A. M.: Sensitivity training. In: Gruppenpsychotherapie und Gruppendynamik. Bd. 2, hrsg. von R. Battegay et al., Verlag f. medizin. Psychologie im Verlag Vandenhoeck & Ruprecht, Göttingen 1968.

Elsaesser, G.: Das Rollenspiel mit Puppen in der Psychotherapie. Z. Psychother. med. Psychol. 9, 140 (1959).

Enke, H.: Analytisch orientierte, stationäre Gruppenpsychotherapie und das psychoanalytische Abstinenzprinzip. In: Gruppenpsychotherapie und Gruppendynamik. Bd. 1, hrsg. von R. Battegay et al., Verlag f. medizin. Psychologie im Verlag Vandenhoeck & Ruprecht, Göttingen 1968.

Erikson, E. H.: Identität und Lebenszyklus. Suhrkamp, Frankfurt 1966.

Ewald, G. u. *G. Punell:* Gruppentraining und soziale Wiederanpassung bei langjährig Hospitalisierten. Informat. u. Rehabilitat. In: Group psychotherapy. IV. Int. Kongr. Gr. Psychother. Verlag d. Wiener Med. Akademie, Wien 1968.

Ezriel, H.: A psychoanalytic approach to group treatment. Brit. Journal of Medical Psychology 23, 59—74 (1950[1]).

—: A psychoanalytic approach to the treatment of patients in groups. Journal of mental science XCII, 774—779 (1950[2]).

—: Experimentation within the psycho-analytic session. The British Journal for the Philosophy of Science VII, 29—48 (1956).

—: Übertragung und psychoanalytische Deutung in der Einzel- und Gruppenpsychotherapie. Psyche XVI, 496—523 (1960/61).

Ferenczi, S.: On the technique of Psychoanalysis. In: Further Contributions to the Theory and Technique of Psycho-Analysis, p. 177. Hogarth Press, London 1926.

Foulkes, S. H.: Introduction to group-analytic psychotherapy. Heinemann, London 1948.

Foulkes, S. H. and *E. J. Anthony:* Group psychotherapy. 2. Aufl., Penguin Books 1965 (1. Aufl. 1957[1]).

Foulkes, S. H.: Group analytic dynamics with specific reference to psychoanalytic concepts. Int. J. Gr. Psychother. 7, 40—52 (1957[2]).

—: Therapeutic group analysis. George Allen and Unwin Ltd., London 1964.

—: Dynamische Prozesse in der gruppenanalytischen Situation. Gruppenpsychotherapie und Gruppendynamik 4, 70—81 (1970).

French, Th. M.: The Integration of behavior. Vols. I, II. University Press, Chicago 1952.

Freud, S.: Formulierungen über die zwei Prinzipien des psychischen Geschehens (1911). Ges. Werke, Bd. VIII, p. 230—238. Imago Publishing Co., London 1948.

—: Totem und Tabu (1913). Ges. Werke, Bd. IX. Imago Publishing Co., London 1948.

—: Bemerkungen über die Übertragungsliebe (1913). Ges. Werke, Bd. X, p. 313. Imago Publishing Co., London 1946.

—: Wege der psychoanalytischen Therapie (1917—1920). Ges. Werke, Bd. XII, p. 183. Imago Publishing Co., London 1947.

—: Massenpsychologie und Ich-Analyse (1921). Ges. Werke. Bd. XIII. p. 73—161. Imago Publishing Co., London 1955.

—: Das Unbehagen in der Kultur (1930). Ges. Werke, Bd. XIV, p. 421—506. Imago Publishing Co., London 1955.

Gastager, H.: Der therapeutische Club und seine Gruppendynamik. Z. Psychother. med. Psychol. 12, 238 (1962).

Grinberg, L., M. Langer, E. Rodrigué: Psychoanalytische Gruppentherapie. Praxis und theoretische Grundlagen. Ernst-Klett-Verlag, Stuttgart 1960.

Haddenbrock, S. u. *S. Mederer:* Tänzerische Gruppenausdrucksgymnastik in der Psychosebehandlung. Z. Psychother. med. Psychol. 10, 221 (1960).

Heigl-Evers, Annelise: Die Gruppe unter soziodynamischem und antriebspsychologischem Aspekt. In: Analytische Gruppenpsychotherapie, hrsg. von H. G. Preuss. Urban u. Schwarzenberg, München—Berlin—Wien 1966.

—: Gruppendynamik und die Position des Therapeuten. In: Gruppenpsychotherapie in Klinik und Praxis, hrsg. von K. Höck. VEB Gustav Fischer Verlag, Jena 1967[1].

—: Zur Behandlungstechnik in der analytischen Gruppentherapie. Z. psychosomat. Med. 13, 266 (1967[2]).

—: Einige technische Prinzipien der analytischen Gruppenpsychotherapie. Z. psychosomat. Med. 14, 282 (1968[1]).

—: Prägruppale Bezogenheiten in der analytischen Gruppenpsychotherapie. In: Gruppenpsychotherapie und Gruppendynamik, Bd. 1, 9—27, hrsg. von R. Battegay et al., Verlag f. med. Psychologie im Verlag Vandenhoeck & Ruprecht, Göttingen 1968².

Heigl-Evers, Annelise und *G. Laux:* Angst und Aggression in der Gruppe. Z. Psychosomat. Med. 14, 137 (1968³).

Heigl-Evers, Annelise und *F. Heigl:* Analytische Einzel- und Gruppenpsychotherapie: Differentia specifica. In: Gruppenpsychotherapie und Gruppendynamik, Bd. 2, 21—52, hrsg. von R. Battegay et al., Verlag f. medizin. Psychologie im Verlag Vandenhoeck & Ruprecht, Göttingen 1968⁴.

Heigl-Evers, Annelise: Zum sozialen Effekt klinischer analytischer Gruppenpsychotherapie. Verh. 7. Int. Kongr. f. Psychotherapie, Wiesbaden 1967. Teil V: Rehabilitation. Psychother. Psychosom. 17, 50—62 (1969¹).

Heigl-Evers, Annelise und *G. Laux:* Technische Probleme der klinischen Gruppenpsychotherapie bei jugendlichen Neurosekranken. Gruppenpsychotherapie und Gruppendynamik 3, 96—108 (1969²).

Heigl-Evers, Annelise und *F. Heigl:* Gesichtspunkte zur Indikationsstellung für die analytische Gruppenpsychotherapie. Gruppenpsychotherapie und Gruppendynamik 3, 179—198 (1970¹).

Heigl-Evers, Annelise und *Elke Schultze-Dierbach:* Nichtanalytische Gruppenpsychotherapie. In: Klinische Psychologie, hrsg. von W. Schraml. Verlag Huber, Bern—Stuttgart—Wien (1970²).

Heigl-Evers, Annelise: Analytische Gruppenpsychotherapie. In: Klinische Psychologie, hrsg. von W. Schraml. Verlag Huber, Bern—Stuttgart—Wien (1970³).

Heigl-Evers, Annelise und *F. Heigl:* Gesichtspunkte zur Indikation für die kombinierte Einzel-Gruppenpsychotherapie. Gruppenpsychotherapie und Gruppendynamik 4, 82—99 (1970⁴).

Heigl-Evers, Annelise und *A. Hering:* Die Spiegelung einer Patientengruppe durch eine Therapeuten-Kontrollgruppe. Gruppenpsychotherapie und Gruppendynamik 4, 179—190 (1970⁵).

Heigl-Evers, A. u. *F. Heigl:* Gruppenposition und Lernmotivation. Gruppenpsychotherapie und Gruppendynamik 4, 236—247 (1971).

—: Rolle und Interventionsstil des Gruppenpsychotherapeuten, Gruppenpsychotherapie und Gruppendynamik. 5, 152—171 (1972).

Heigl, F.: Persönlichkeitsstruktur und Prognose. Z. Psychosomat. Med. 10, 102—114 (1964).

—: Zum strukturellen Denken in der Psychoanalyse. In: Aspekte der Psychoanalyse, hrsg. von A. Schelkopf. Verlag f. medizin. Psychologie im Verlag Vandenhoeck & Ruprecht, Göttingen 1969.

—: Einige Gedanken zur Gruppendynamik. Z. psychosomat. Med. u. Psychoanal. 16, 80—98 (1970).

—: Verhaltens- und Prozeß-Sequenzen einer Minoritätsgruppe in einem gruppendynamischen Praktikum. Zur Frage des Verhältnisses psychoanalytischer und sozialpsychologischer Dimensionen. Vortrag gehalten vor der wirtschafts- und sozialwissenschaftlichen Fakultät der Universität Göttingen am 2. 6. 1970. Gruppenpsychotherapie u. Gruppendynamik 5, 17—38 (1971).

—: Prognose und Indikation in Psychoanalyse und Psychotherapie. Verlag f. medizin. Psychologie im Verlag Vandenhoeck & Ruprecht, Göttingen 1972.

Hofstätter, P. R.: Gruppendynamik. 6. Aufl., Rowohlt, Hamburg 1964.

Homans, G. C.: The Human Group. Harcourt, Brace and Comp., New York 1950. — Dtsch. übersetzt.: Theorie der sozialen Gruppe. Westdeutscher Verlag Köln u. Opladen 1960.

Horetzki, O.: Die Pantomime als Methode der Gruppenpsychotherapie. Z. Psychother. med. Psychol. 15, 139 (1965).

Israel, G.: Zur Verwendung von Märchenspiel und Konfliktdarstellung als aktivierende Methoden in der Gruppenpsychotherapie. In: Gruppenpsychotherapie und Gruppendynamik, Bd. 1, hrsg. von R. Battegay et al., Verlag f. medizin. Psychologie im Verlag Vandenhoeck & Ruprecht, Göttingen 1968.

Jones, M.: Social psychiatry in the community, in hospitals and in prisons. Springfield, Illinois: Thomas 1962.

—: Traditionelle Psychiatrie, Sozialpsychiatrie und die therapeutische Gemeinschaft. In: Gruppenpsychotherapie in Klinik und Praxis, hrsg. von K. Höck. VEB Fischer Verlag, Jena 1967.

Junova, H. und *F. Knobloch:* Psychogymnastik als eine Methode der Psychotherapie. Praxis Psychother. 11, 1966.

Kemper, W.: Die Gegenübertragung. Psyche 7, 593—626 (1953/54).

—: Übertragung und Gegenübertragung als funktionale Einheit. In: Jahrbuch der Psychoanalyse. Bd. 6, Verlag Huber, Bern 1969.

—: Das Problem der Gleichzeitigkeit von Individual- und Gruppenanalyse. Psyche 18, 314—320 (1964/1965).

Klapman, J. W.: Group psychotherapy, theory and practice. Grune and Stratton, New York 1946.

Klein, Melanie: Early states of the Oedipus-Conflict. In: Contributions to psychoanalysis, 1921—1945, Hogarth Press, London 1948.

—: The importance of symbol-formalion in the development of the Ego. In: Contributions to Psycho-Analysis. Hogarth Press, London 1958.

—: Die Psychoanalyse des Kindes. Beiträge z. Kinderpsychotherapie, Bd. 10. E. Reinhardt-Verlag, München ²1971 (Orig.-Ausg. 1948).

—: A Contribution to the psychogenesis of manic-depressive states. In: Contributions to Psycho-Analysis. Hogarth Press, London 1948.

—: The Oedipus-Complex in the light of early anxieties. In: Contributions of Psycho-Analysis. Hogarth Press, London 1948.

—: Notes on some schizoid Mechanisms. In: M. Klein et al. (eds.): Developments in Psycho-Analysis. Hogarth Press, London 1952.

—: Contributions to Psychoanalysis, 1921—1945. Hogarth Press, London 1948.

Koffer-Ullrich, E.: Musiktherapie im Rehabilitationsprogramm der Gruppentherapie. Z. Psychother. med. Psychol. 19, 24 (1969).

Koffka, K.: Principles of Gestalt Psychology. International Library of Psychology, Philosophy and Scientific Method. Harcourt, Brace and Co., New York 1968.

Kohler, Ch.: Verbale und nonverbale Kommunikation in der Gruppe als therapeutischer Faktor in der stationären Neurosenbehandlung. Informat. and rehabilitat. In: Group psychotherapy. IV. Int. Kongr. Gr. Psychother. Verlag d. Wiener Med. Akademie, Wien 1968.

Lazell, E. W.: The group treatment of Dementia praecox. Psychoanal. Rev. 8, 168 bis 179 (1921).

Lazell, E. W.: Group psychic treatment of Dementia praecox by lecture in mental re-education. US'-Veterans Bureaus' Medical Bulletin 6, 733—747 (1930).

Le Bon, G.: Psychologie der Massen. Übersetzt v. Dr. Rud. Eisler. 2. Aufl. Leipzig 1912 (Psychologie des foules, Paris 1895).

Lewin, K.: Frontiers in group dynamics: Concept, method and reality in social science: Social equilibria and social change. Human Relations 5, 1947.

—: Feldtheorie in den Sozialwissenschaften. Ausgew. theoret. Schriften, hrsg. von D. Cartwright. Übers. v. A. Lang u. W. Lohr. Verlag Huber, Bern 1963 (Orig.-Ausg. 1951).

Linton, R.: The study of Man. An introd. New York: Appletoncentury 1936.

Low, A. A.: Group psychotherapy. Illinois psychiatric Journal (1941) Vol. II: A record of class interviews given to patients suffering from mental and nervous ailments.

—: Mental health through will training. Christopher, Boston 1950.

Maaß, G.: Gestaltungstherapeutische Gruppe. In: Preuss, H. G. (Hrsg.): Analytische Gruppenpsychotherapie, Grundlagen und Praxis. Urban u. Schwarzenberg, München—Berlin—Wien 1966.

Marsh, L. C.: Group treatment of the psychoses by the psychological equivalent of rivival. Ment. Hyg. (N. Y.) 15, 328—340 (1931).

—: Experiment in group treatment of patients of Worcester State Hospital. Ment. Hyg. (N. Y.) 17, 396—416 (1933).

—: Group therapy and the psychiatric clinic. J. Nerv. ment. Dis. 8, 381—343 (1935).

McDougall, W.: The Group Mind. Putnam, New York 1920.

Mentzel, G.: Die anonymen Alkoholiker und die Behandlung des chronischen Alkoholikers. Nervenarzt 36, 257 (1965).

—: Zur Gruppendynamik der anonymen Alkoholiker. In: Gruppenpsychotherapie und Gruppendynamik, Bd. 1, hrsg. von R. Battegay et al., Verlag f. Medizin. Psychologie im Verlag Vandenhoeck & Ruprecht, Göttingen 1968.

Merl, H.: Die Omega-Position in der analytischen Gruppe. In: Gruppenpsychotherapie und Gruppendynamik, Bd. 1, hrsg. v. R. Battegay et al., Verlag f. medizin. Psychologie im Verlag Vandenhoeck & Ruprecht, Göttingen 1968.

Mom, J., A. Fontana, J. de Garcia Reinoso: Sobre una experiencia de un grupo terapéutico, Terceras Jornadas Arg., Rosario 1954.

Moreno, J. L.: Gruppenpsychotherapie und Psychodrama. Thieme, Stuttgart 1959.

Newcomb, Th.: Social Psychology. Tavistock Publications Ltd., London 1955.

Petersen, P.: Ferienlager mit chronischen Anstaltspatienten. In: Gruppenpsychotherapie und Gruppendynamik, Bd. 2, hrsg. von R. Battegay et al., Verlag f. medizin. Psychologie im Verlag Vandenhoeck & Ruprecht, Göttingen 1968.

Petersen, P. und *H. P. Bachmann:* Ferienlager mit psychiatrisch Chronischkranken. Z. Psychother. med. Psychol. 19, 17 (1969).

Pfeiffer, W. M.: Das Spiel mit Handpuppen in der Therapie der Psychosen. Z. Psychother. med. Psychol. 15, 135 (1965).

Ploeger, A.: Die Stellung des Psychodramas in der Psychotherapie. In: Gruppenpsychotherapie und Gruppendynamik, Bd. 2, hrsg. von R. Battegay et al., Verlag f. medizin. Psychologie im Verlag Vandenhoeck & Ruprecht, Göttingen 1968.

Ploeger, A.: Möglichkeiten und Grenzen der Therapie mit dem Psychodrama. Gruppenpsychotherapie und Gruppendynamik 3, 63—76 (1969).

Pratt, J. H.: The Home Sanitorium. Treatment of Consumption. John Hopk. Hosp. Bull. (1906).

—: The class method of treating consumption in the homes of the poor. J. A. M. A. 49, 755—759 (1907) (Amer. Med. Ass.).

—: Results obtained in the treatment of pulmonary tuberculosis by the class method. Brit. M. J. 2, 1070 (1908).

—: The tuberculosis class, an experiment in Home Treatment. Proc. New York Conter. Hosp. Soc. Serv. Vol. 4 (1917).

—: The principles of class treatment and their applications to various chronic diseases. Hosp. Social Service (1922).

Rapaport, D.: The structure of psychoanalytical theory: A systematizing attempt. In: Psychology: A study of a science. Ed.: Sigmund Koch. McGraw-Hill, New York 1959.

Richter, H.-E.: Eltern, Kind, Neurose. Klett, Stuttgart 1963.

—: Patient Familie. Verlag Rowohlt, Reinbek 1970.

Rickman, J.: Personal communications. 1945.

Ruesch, J. and *G. Bateson:* Communication: the social matrix of psychiatry. Norton, New York 1951.

Sherif, M. and *M. D. Wilson:* Group relations at the Crossroads. Harper, New York 1953[1].

Sherif, M. and *C. W. Sherif:* Groups in Harmony and Tension. Harper, New York 1953[2].

Sherif, M. and *C. W. Sherif:* An outline of Social Psychology. Harper, New York 1956.

Simmel, G.: Über soziale Differenzierung. Duncker u. Humblot, Leipzig 1890.

Skala, J.: Eigentümlichkeiten der Behandlung und Gruppenpsychotherapie des Alkoholismus. In: Gruppenpsychotherapie in Klinik und Praxis, hrsg. von K. Höck. VEB Fischer Verlag, Jena 1967.

Slavson, S. R.: Analytic Group Psychotherapy. Columbia Univ. Press, New York 1950.

—: Einführung in die Gruppentherapie von Kindern und Jugendlichen. Dtsch. Übers. (Original: An Introduction to Group Therapy, The Commonwealth Fund, 1943). Verlag f. medizin. Psychologie im Verlag Vandenhoeck & Ruprecht, Göttingen 1956. [2]1971.

—: Die historische Entwicklung der analytischen Gruppenpsychotherapie. In: H. G. Preuss (Hrsg.): Analytische Gruppenpsychotherapie, Grundlagen und Praxis. Urban u. Schwarzenberg, München—Berlin—Wien 1966[1].

—: Unterschiedliche psychodynamische Prozesse in Aktivitäts- und Aussprache-Gruppen (Zur Gruppenpsychotherapie von Kindern und Jugendlichen). In: H. G. Preuss (Hrsg.): Analytische Gruppenpsychotherapie, Grundlagen und Praxis. Urban u. Schwarzenberg, München—Berlin—Wien 1966[2].

Snowden, E. N.: Mass Psychotherapy. Lancet 2, 769—1970 (1940).

Scheunert, G.: Die Abstinenzregel in der Psychoanalyse. Psyche 15, 105 (1961).

Schilder, P.: Introduction to a psychoanalytic Psychiatry. N. M. D. Publisher Co., New York and Washington 1928.

—: The analysis of ideologics as a psychotherapeutic method, especially in group treatment. Am. J. Psychiat. 93, 601 (1936).

—: Psychotherapy. Norton, New York 1938.

—: Results and Problems of group psychotherapy severe neurosis. Mental Hyg. XXIII, 87—96 (1939).

Schindler, R.: Grundprinzipien der Psychodynamik in der Gruppe. Psyche 11, 308 (1957/58).

—: Soziodynamik der Krankenstation. Zeitschr. f. diagnostische Psychologie. Sonderheft Gruppenpsychotherapie, hrsg. v. H. Hiltmann, K. H. Welzer und H. R. Teirich, 1957[2].

—: Über den wechselseitigen Einfluß von Gesprächsinhalt, Gruppenposition und Ich-Gestalt in der analytischen Gruppenpsychotherapie. Psyche 14, 382 (1960/61).

—: Personalisation der Gruppe. In: Personalisation. Studien zur Tiefenpsychologie und Psychotherapie, hrsg. von M. L. Edelweiss, R. Tanco Duque, S. Schindler. Verlag Herder, Wien—Freiburg—Basel 1964.

—: Was lehrt uns die Gruppenerfahrung für das Verständnis der Psychodynamik bei schizophrenen Psychosen? In: Gruppenpsychotherapie und Gruppendynamik, Bd. 1, hrsg. von R. Battegay et al., Verlag f. medizin. Psychologie im Verlag Vandenhoeck & Ruprecht, Göttingen 1968[1].

—: Dynamische Prozesse in der Gruppenpsychotherapie. In: Gruppenpsychotherapie und Gruppendynamik, Bd. 2, hrsg. von R. Battegay et al., Verlag f. medizin. Psychologie im Verlag Vandenhoeck & Ruprecht, Göttingen 1968[2].

—: Das Verhältnis von Soziometrie und Rangordnungsdynamik. In: Gruppenpsychotherapie und Gruppendynamik, Bd. 3, hrsg. von R. Battegay et al., Verlag f. medizin. Psychologie im Verlag Vandenhoeck & Ruprecht, Göttingen 1969.

— und Mitarbeiter: Erfahrungen mit einem Hausparlament im psychiatrischen Krankenhaus. Psychother. Psychosom. 17 (1969).

Schindler, W.: Family pattern in groupformation and therapy. Int. J. Gr. Psychother. 1, 100—105 (1951).

—: Übertragung und Gegenübertragung in der „Familien"-Gruppentherapie. Praxis der Kinderpsychologie und Kinderpsychiatrie 4, 101—105 (1955).

Schjelderup-Ebbe, Th.: Zur Soziologie der Vögel. Z. Psychol. 95 (1924).

Schjelderup-Ebbe, Th.: Die Despotie im sozialen Leben der Vögel. In: R. Thornwald: Arbeiten zur biologischen Grundlegung der Soziologie, Bd. II, Leipzig 1931.

Schultze-Görlitz, F.: Musiktherapie als psychotherapeutische Methode an einem Landeskrankenhaus. Z. Psychother. med. Psychol. 19, 33 (1969).

Schultz-Hencke, H.: Lehrbuch der analytischen Psychotherapie. Thieme, Stuttgart 1951.

Stock-Whitaker, Dorothy and *A. Lieberman:* Psychotherapy through the group process. Tavistock Publications, London 1965.

Strachey, J.: The nature of the therapeutic action of psychoanalysis. Int. J. Psycho-Anal. 15 (1934).

Sullivan, H. S.: The interpersonal theory of psychiatry. Norton, New York 1953.

Trotter, W.: Instincts of the Herd in Peace and War. Unwin, London 1916.

Turquet: Nach einem Vortrag im Institut und Ausbildungszentrum für Psychoanalyse und psychosomatische Medizin in Frankfurt/Main am 18. 5. 1963 (siehe Argelander, 1963/64).

Watzlawick, P., J. H. Beavin, D. D. Jackson: Menschliche Kommunikation. Verlag Hans Huber, Bern—Stuttgart—Wien 1969.

Wender, L.: The dynamics of group psychotherapy and its application. J. Nerv. u. Ment. Dis. 84, 54 (1936).

Wiese, L. v.: Allgemeine Soziologie. München 1924.

Wolf, A. und *E. K. Schwartz:* Psychoanalysis in groups. Grune and Stratton, New York and London 1962.

Woltereck, H.: Das menschliche Leben. Heering-Verlag, Seebrück.

Namenregister

Stichwortregister